罗斯柴尔德家族传

陈润————著

ROTHSCHILD FAMILY'S
BIOGRAPHY

华中科技大学出版社
http://www.hustp.com
中国·武汉

图书在版编目(CIP)数据

罗斯柴尔德家族传 / 陈润著. —武汉：华中科技大学出版社，2019.6
（2024.8重印）
（全球财富家族传记系列）
ISBN 978-7-5680-5135-4

Ⅰ.①罗… Ⅱ.①陈… Ⅲ.①罗斯柴尔德（Rothschild，Mayer Amschel 1744–1812）—家族—传记 Ⅳ.①K835.160.9

中国版本图书馆CIP数据核字（2019）第065686号

罗斯柴尔德家族传
Luosichaierde Jiazu Zhuan

陈 润 著

策划编辑：	亢博剑 娄志敏
责任编辑：	肖诗言
责任校对：	刘 竣
封面设计：	三形三色
责任监印：	朱 玢
出版发行：	华中科技大学出版社（中国·武汉） 电话：（027）81321913
	武汉市东湖新技术开发区华工科技园 邮编：430223
印　　刷：	武汉科源印刷设计有限公司
开　　本：	710mm×1000mm　1/16
印　　张：	13.75
字　　数：	189千字
版　　次：	2024年8月第1版第7次印刷
定　　价：	39.80元

本书若有印装质量问题，请向出版社营销中心调换
全国免费服务热线：400-6679-118　竭诚为您服务
版权所有　侵权必究

人物关系表

梅耶·阿姆谢尔

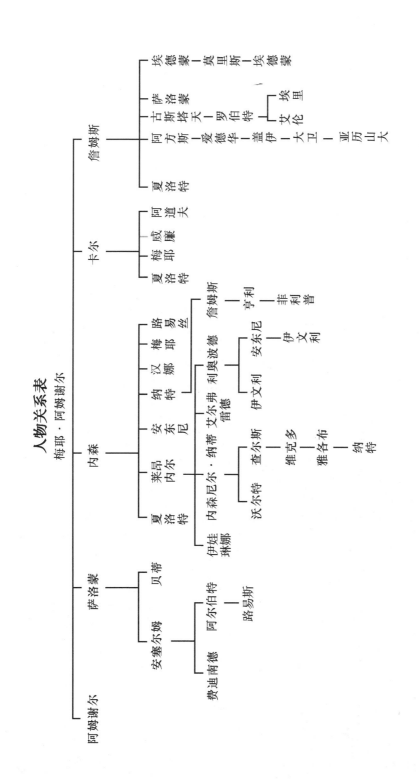

前言

罗斯柴尔德是一个尚未老去的财富家族,每一代人的商业故事都那么鲜活,从中随意采撷一段影像,也许就令后来者受益匪浅。我试图从神秘家族的传奇中挖掘令财富追梦者欣喜若狂的宝藏,以免他们因理想与现实的错觉而陷入迷茫,这一"宝藏",我将其称为"罗斯柴尔德家族财富DNA",主要有以下八大特征。

第一,**家族团结高于一切**。罗斯柴尔德家族的族徽设计是五支箭的形象,含义是一支箭很脆弱,而一把箭就很难被折断,这是告诫家族成员要团结。家族创始人梅耶在遗嘱中写道:"家族的所有成员都必须团结友爱,不得勾心斗角。"

梅耶曾反复叮嘱五个儿子:"只要团结,世上就没人能战胜你们。"200多年后,家族第六代掌门人大卫·罗斯柴尔德坦言:"经历了国有化冲击、纳粹的迫害、两次世界大战,我们始终都在。是家族所有成员齐心协力的参与,令罗斯柴尔德集团区别于其他金融机构,并在欧洲乃至世界茁壮成长。"罗斯柴尔德家族传承200多年而不衰,历经世界大战和多次经济危机而不倒,正是得益于世代恪守"团结"的祖训。

第二,**勇于追求富足生活**。罗斯柴尔德家族并非天生富有,而是从贫民窟白手起家。在发家之前,创始人梅耶的日常工作只是从垃圾堆捡拾古钱币。与生俱来的低贱身份让他吃尽苦头,即便受尽侮辱,他也不屑一顾地说:"我蹲下、跪下,是为了能跳得更高!"没有人能阻挡罗斯柴尔德家族追逐财富的脚步,赚钱是他们的爱好,他们也很享受此过程,他们说:"赚钱,获得影响力,是我们家族的信仰!"德国诗人海涅奉承地说:"如果金钱是我们时代的上帝,那罗斯柴尔德家族就是它的先知。"

第三,**和有影响力的人交往**。罗斯柴尔德家族的祖训中有一句话:"我们一定要和国王一起散步。"一直以来,这个家族都与欧洲各国王室和政府保持密切联系,由早期提供借贷到后来的顾问咨询,他们的一大半收入都来自王室和政府。同时,罗斯柴尔德家族的行业扩张也在世界各地悄然展开。与财富数字的增长相比,他们更在乎占有更多社会资源。与过去不同,与政府打交道更多的是罗斯柴尔德家族在当地的代理人,家族人员与各国政要的合影不会轻易出现在纸媒或网络上。

第四,**信息是赚钱的法宝**。罗斯柴尔德家族的银行分布于欧洲主要工业国家,并拥有比瑞士钟表更精准的情报系统,他们能迅速收集、整理并传递可靠情报,使得预判永远比市场早一步,以至于连欧洲王室和贵族宁愿用罗斯柴尔德家族的信使而不用外交邮袋来传递信件。无论是滑铁卢战争还是掌控苏伊士运河,无数次买卖公债获得收益,都应归功于情报系统的领先。

第五,**控制盲目投资的冲动**。大卫·罗斯柴尔德认为:"最聪明的投资就是不要过度频繁地投资,而是去把握关键的机会。所以我觉得在很多时候,罗斯柴尔德家族应该是旁观者,而不是成为积极的演员。"罗斯柴尔德家族总是像农夫一样观察"天气",静观其变,顺应天时而动。考虑到风险因素,他们将伦敦有200多年历史的办事处迁移,重新盖了一座耗资昂贵的14层办公大楼;在美国经济高速增长的时代,他们退出美国市场,事后也并未觉得遗憾。他们的口头禅是:"你无法控制你的命运——你所能做的其实是有限的。"

第六,**在时代变化中与时俱进**。罗斯柴尔德家族的名言是:"时代永远不会因为没有罗斯柴尔德家族而停止前进,只有罗斯柴尔德家族跟着时代前进。"第二次世界大战之后,面对全球化和知识经济时代的到来,罗斯柴尔德家族由世界金融霸主化身为全球商业顾问,并将商业视野扩展到欧洲之外,家族利润的40%来自中国、印度、巴西等新兴市场。在家族内部,有些规则已悄然改变,比如"所有家族银行中的要职必须由家族内部人员担任,绝不用外人"的规定,比如"只能在家族内部通婚"的禁锢,都不再如从前那般不容挑战。

第七,**让家族成员担任掌门人**。当初家族创始人梅耶将五个儿子派到欧洲各地,家族事业取得巨大成功,此后这种方式被沿袭为家族培养接班人的固定方式——让下一代开拓新市场并在磨炼中成长。通过言传身教,罗斯柴尔德家族的智慧结晶被一代代传承,有些家族特质是局外人无法感知的。幸运的是,家族人丁兴旺,而且每一代都有杰出的商业天才出现,所以总能顺利地安排接班人。当然,如果家族成员无力胜任,家族也不会让他担任要职;如果他对金融或生意不感兴趣,也不会被勉强。因为是否具备接任的才能也需要一定的运气,而运气是不可控的。

第八,**坚定犹太人的信仰**。在犹太商人中,因财富和权势放弃犹太教信仰的人比比皆是,然而罗斯柴尔德家族成员中却从未出过叛逆者,即便遭受苦难与折磨,他们都不曾动摇。在家训中有这样一句话:"我有两大荣誉:第一,我是罗斯柴尔德家族的一员;第二,我是一个犹太人。"罗斯柴尔德家族第二代的萨洛蒙认为,坚持祖先的信仰,牢记自己"同一信仰的贫穷同胞",不仅能证明自己对好运的感恩之情,也能让好运持续下去。

"罗斯柴尔德家族财富DNA"需要被模仿,但更需要被创新和超越。汲取罗斯柴尔德家族成功经验中的正确做法,并非亦步亦趋、刻意模仿,而是以快乐的方式追逐财富。每个人都有赚钱的潜力,但如果一味地追逐金钱,或许什么都得不到,而做该做之事,财富也许会随之而来。

在世界经济转型、政治格局变化的过程中，企业家与政治的边界一直是经久不息的话题。罗斯柴尔德家族始终与政府保持紧密联系，并非靠灰色交易或商业贿赂之类见不得光的方式，他们与政府做生意、为政府提供咨询，从未抛开商业规则行事。更为关键的是，通过精密完备的信息渠道，罗斯柴尔德家族很容易掌握政府想要什么、公众在想什么、大公司准备干什么，这样就很清楚自己能做什么。

除此之外，罗斯柴尔德家族的财富字典里还包括诚信、坚韧、勤奋等"道"的层面的启发，以及投资、管理、人才、信息等"术"的层面的总结，这些显然无法用堆积如山的金钱、趾高气扬的尊贵、翻云覆雨的权力来简单概括。透过财富的表象，其背后折射出的人性光辉，将使我们的认识达到另一重境界。

对于大多数中国企业家、金融家以及成千上万怀抱财富梦想的读者来说，罗斯柴尔德家族的故事中展现出的进取精神和财富观念才是弥足珍贵的，这也是我写这本书的初衷。

目 录

第一章　贫民窟里的百万富翁（1743—1812年） / 001

- 红盾家族 // 002
- 结识威廉王子 // 008
- 与布达拉斯的"生活规则" // 011
- 走私暴富 // 015
- 突破黄金封锁线 // 018
- 父子合伙人 // 023
- 建立独立的情报网络 // 026

第二章　给政府放贷的人（1813—1832年） / 029

- 滑铁卢战役背后的赢家 // 030
- 拯救英格兰银行 // 033
- 对手：巴林家族 // 036
- 战争与和平 // 039
- 法国"七月革命"余波 // 043
- 左右西班牙政局 // 047

第三章　金钱贵族（1833—1841年） / 051

- 内森的黄昏岁月 // 052
- 狩猎：贵族社交方式 // 055
- 以音乐融入上流社会 // 059

文豪门客 // 062
赛马是门生意 // 065

第四章　投资有道（1842—1846 年）

/ 069

投资古董收藏 // 070
铁路金融 // 072
房产投资临界点：3% 的收益 // 075
以最少的钱买到最好的画 // 078
掌控矿产资源 // 082

第五章　动荡年代（1847—1858 年）

/ 085

破产危机 // 086
搞垮动产信托银行 // 089
同盟体系的终结 // 093

第六章　在战争中繁荣（1859—1873 年）

/ 097

法国的借款人 // 098
"铁腕"俾斯麦 // 101
奥地利贷款计划落空 // 105
普法战争 // 109
国际级恐吓 // 112
金融压倒政治 // 115

第七章　帝国主义金融（1874—1914 年）

/ 119

买下苏伊士运河 // 120
犹太人的反击 // 124
丘吉尔父子 // 126
并购暗战 // 129
矿产争夺引发英布战争 // 132
帝国主义的外交 // 135
协助列强瓜分在华利益 // 137
中间协调人 // 140

第八章　在战争中衰落（1915—1945 年）

/ 145

被取代的战争金融核心 // 146
衰而不倒 // 148
"剑桥五杰"之维克多 // 151
浩劫难逃 // 154
收拾残局 // 160

第九章　转型（1945—1990 年）

/ 163

告别爱德华 // 164
红酒生意：木桐酒庄与拉菲酒庄 // 167
第二个"苏伊士" // 171
变革者 // 173
泛欧洲大陆计划 // 177
消失的法国罗斯柴尔德 // 180

第十章 新世纪（1990—2018 年） / 185

新掌门放弃黄金定价权 // 186

为别人管理好手中的财富 // 189

潜行中国 // 192

吉利收购沃尔沃的背后故事 // 195

继承人 // 198

复兴之路 // 202

参考文献 // 206

第一章
贫民窟里的百万富翁
（1743—1812年）

红盾家族

1737年，天高云淡的法兰克福街头，一个犹太人被处决，这个人叫奥本海姆。

行刑时刻，法兰克福上空回响着神圣罗马帝国皇帝的宣言："犹太人是我们忠实的佣人和女仆。"这个宣言早在500年前就被公之于众。

地中海东岸的巴勒斯坦地区，是一片肥沃的平原，平原以东和沙漠之间有许多山地，约旦河从北向南流入死海。公元前1000年左右，犹太人在这里建立了王国。

公元70年，罗马军队攻陷耶路撒冷，大批起义者被屠杀，7万余犹太人被卖为奴隶。公元135年，罗马皇帝哈德良攻破耶路撒冷城，并下令将犹太人的土地充公，犹太人永远不能回来。整个巴勒斯坦田园荒芜，庐舍为墟。从此，犹太人流离失所，被驱赶到世界各地，没有国土，没有政府，没有军队。

"我必使他们交出来，在天下万国中抛来抛去，遭遇灾祸。在我赶逐他们到的各处，成为凌辱、笑谈、讥刺、咒诅。"在《圣经》中，先知耶利米这样说道。

根据历史记录，犹太人在12世纪中叶定居于法兰克福。法兰克福位于莱茵河中部支流美因河下游，虽然这里每天有繁忙的贸易往来，看起来是一个开明自由的城市，但是，就是在这个城市中，很多犹太人的一生都是在高墙

第一章 贫民窟里的百万富翁（1743—1812年）

中度过。从1458年开始，犹太人被规定只能居住在犹太人聚集区，这里有消防站、医院，还有墓地。

18世纪的诗人路德维格·博尔纳这样写道："那是一个狭长阴暗的监牢。18世纪最明亮的光线都不能刺透它的黑暗。"

这是犹太人的中世纪。1733年，作为犹太人的奥本海姆担任驻法兰克福的特使，他所享有的地位让他可以优越地住在犹太街以外的金天鹅旅馆里，这里明亮舒适。奥本海姆是犹太人中的精英。

作为一名犹太人，奥本海姆被处死的罪名是"攫取的政治权力过大"。在奥本海姆被处决的几年之后，法兰克福又诞生了一个犹太人——挂红盾的年轻人梅耶·阿姆谢尔·罗斯柴尔德。很多犹太人的得名都稀松平常，屋内的一个桌子或者椅子就可被作为终身姓名。罗斯柴尔德本非家族姓名，因为这家犹太人总是在店门口放置一个红色的盾牌，后来人们就逐渐称这个家族为"红盾"，翻译成德文就是"罗斯柴尔德"。

梅耶·阿姆谢尔以及后来所繁衍的罗斯柴尔德家族，是现代资本主义历史上最不寻常的一个家族。在战火纷飞的脆弱的欧洲，罗斯柴尔德家族的存在证明了一种更加广泛和持久的权力——货币与资本——的价值。

关于梅耶·阿姆谢尔的出生日期，没有人能准确地说出，只是被模糊地记载为1743年（或1744年），而关于其父母、祖父母及先辈的记载就更少了。

梅耶·阿姆谢尔应该不愿意主动回忆灰暗的童年：那是一条突兀地孤立于城墙与沟渠之间的黑暗小巷，大约12英尺①宽。房屋在这片棚户区里挤成一团，而居住者又将低矮的房屋填充得不留余地。污水和脏臭的怪味整日弥漫，长年居住于此的人嗅觉早已迟钝。这块城中村是受保护的，犹太人为此必须按法律规定交纳人头税以及各种人口与财产保险，甚至连结婚人数都被

---

① 英尺：长度单位。1英尺约合0.3米。

严格控制：犹太家族成员被限制在500人以内，一年只允许12人结婚；如果某个家族人丁衰落有断掉香火的危机，才稍稍允许放宽限制。他们不准在夜晚、星期天或节假日走出居住地，不能住进公共旅店，不能在城市的街道和广场散步……

在人类发展史上，犹太民族曾因"将耶稣绑在十字架上杀掉"的罪名而备受迫害，没有耕地，也不准学习耕作或其他手工艺，不准从事贸易活动，几乎所有的职业都不接受犹太教徒。

"当上帝关上一扇门，他便会给你打开一扇窗！"在很长一段时间内，基督教和伊斯兰教都不允许教徒收取利息，因为这是"罪恶的事情"，犹太教徒是个例外，他们可以向异教徒收取利息。于是，游离于世界各地的犹太人投身贸易结算、黄金保管、高利贷、债券等行业，恐怕在当时连上帝都没料到，他们会在此后很长一段时间内成为世界经济命脉的主宰。

在梅耶·阿姆谢尔很小的时候，他的父亲便开始教授他做生意的诀窍。梅耶的父亲是个追求学问的小生意人，总喜欢抽时间研究《犹太法典》。梅耶完成小学学业后就被送到希伯来语学校学习。在梅耶9岁那年，家里遭遇一场重大变故，父亲因为生意红火引起同行妒忌，并被诬陷，在随后的法庭诉讼中落败而被判200荷盾[①]的处罚。典当家产后只凑够一半，父亲不得已又借了100荷盾的高利贷才交上罚款。饱受不公正待遇的父亲老泪纵横地说："我们犹太人命太苦了，失败时被人唾弃，成功时又遭人嫉恨，得不到任何保护，生命如草芥。有时候我真想一死了之，只有死，才能让我从现在所受的痛苦中解脱！"

有一天，梅耶碰到三个社会闲散人员，他们显然是想在这位犹太人身上

---

① 统一之前，德国是一个诸侯割据、群雄纷争的地区，货币体系相当混乱，有"荷盾""塔勒"等大约300种货币在市面流通。

第一章 贫民窟里的百万富翁（1743—1812年）

找乐子，找回被社会践踏得完全扭曲的面子。在梅耶的耳旁，三个流氓声色俱厉地不断重复一句话："犹太猪，履行你的义务……"

在当时的社会礼仪中，犹太人只要听到这样的"问候"，就必须向对方脱帽行礼，不管是面对三岁小孩的童言无忌，还是地痞们的故意找茬。尊严是犹太人从娘胎里就被剥夺的奢侈品，梅耶只得照办，向三个流氓一次次地鞠躬致敬。对方像复读机一样不断重复"问候"，梅耶就得像鸡啄米一样不断点头、弯腰致敬。

围观的人群为这样的街头闹剧不断喝彩，叫好声不绝于耳：

"干得漂亮，犹太猪越来越不懂得尊重人了！"

"让犹太猪再鞠个躬！再鞠一个！"

"叫他老实点，不听话就揍他！"

梅耶丝毫没有反抗之意，他全部照做，还满脸微笑。三个流氓都折腾累了，其中的头目又有了新花样，他将右脚伸到梅耶面前说："今天大爷高兴，就不为难你了。不过，我的鞋子有些脏了，你马上给我擦干净！不然……"

还没等他说完，梅耶已经蹲下身，掏出手帕认真擦鞋，看热闹的人本打算离开，见这阵势又哄笑起来，好戏显然还没完。流氓头目似乎受到鼓励，一脚把梅耶踹倒在地，并且大声吼道："你好大的胆子，居然敢蹲着给我擦鞋，你给我跪着擦！"梅耶赶紧爬起来，然后双膝跪下，继续擦鞋，直到将一双鞋擦得干干净净。

人群里发出嘲讽的规劝："犹太猪，我看你还是当基督教徒吧！免得受这份罪！"

流氓头目终于开口了："犹太猪，今天算你走运，你可以滚了！"骂完他还不忘朝梅耶身上啐一口。

梅耶依然满脸露出恭敬的微笑，向三个流氓各自鞠躬，然后抹掉痰迹，拍掉膝盖上的灰尘，像一切都不曾发生过一样继续赶路。

也许那时梅耶就暗下决心要学好法律，将来为更多的犹太人提供保护，不过他的学业很快被迫中断。1755年，父亲真的从痛苦中解脱了，第二年，母亲也随之而去，他们都死于瘟疫。那一年，梅耶刚刚12岁，在亲戚的鼓励和资助下到汉诺威的奥本海默家族银行当银行学徒。因为父亲在世时对梅耶倾注了大量心血，尤其在借贷、货币兑换等商业知识方面对他悉心教导，所以他干得很出色。

梅耶·阿姆谢尔·鲍尔在奥本海默银行当了4年听差之后，就被提升为办事员。如果他愿意再当10年办事员，然后再当10年信贷员的话，他有可能在第三个10年被升为首席会计师，这样他也许能在60岁时成为银行的合伙人。但是，梅耶做出了不可思议的决定，做起了"捡破烂"的生意。当时德国兵荒马乱，他到垃圾堆里捡有钱人不要的衣服，洗净后再低价转卖给穷人，并逐渐由"破烂王"转行为二手服装店老板。

在二手市场的所有店铺中，梅耶发现只有古董店生意火爆，一些破衣烂衫的流浪小孩总是在店里进进出出，进出门时总是一副兴高采烈的表情。通过长期观察，梅耶终于刺探到对方的商业机密。

统一之前的德国由多个小公国组成，各自发行不同的货币。各国的贵族们为了炫耀或攀比，千方百计地搜罗各国勋章、货币用以收藏，商人们也因此看到投资价值，交易市场就此形成。在古董店里穿梭的那些流浪小孩从垃圾堆捡来旧钱币、旧勋章，然后卖出，他们并不知道其收藏价值，能换点小钱就十分高兴，古董商从中赚取的高额利润是梅耶的二手服装生意无法相比的。

从此，梅耶又干起老本行，只是这回改成找旧钱币、旧勋章，他甚至为此将库存的二手服装低价处理。与那些在垃圾堆里盲目找寻的人不同，由于梅耶曾在银行当过学徒，也从父亲那里学到不少钱币的知识，所以他对各国的货币情况了如指掌。在常人眼里被视为垃圾的不起眼的"辅币"，梅耶都视为至宝，若被人捡走，他也会低价将其收购过来，甚至直接在垃圾堆上做生意。梅耶白天在臭气熏天的垃圾堆边忙碌不停，晚上还要将收集的旧钱币、旧勋章分类整理，清洗打磨，再将光彩照人的成套收藏品卖给古董店，因此他的收入十分可观。

梅耶后来回忆说："在我年轻的时候，我是一个非常活跃的商人，但是我做生意没什么组织性，因为，我还是一个学生。"梅耶所说的学生，就是指学习《犹太法典》时的他。

《犹太法典》原意为"伟大的研究"，是犹太人口传的律法，也是犹太人的生活圣典。犹太人认为《犹太法典》高于所有法律，而质疑《犹太法典》比质疑《圣经》更邪恶。

"金钱是有力的，落地有声，能止住恶言。"

"把物品售给需要物品的人不叫经商，能把物品卖给不需要物品的人才叫经商。"

在《犹太法典》中，我们可以找到这样的话。虽然在经营上缺乏一定的组织性和系统性，梅耶却具备准确的判断力和在生意场上讨价还价的技巧。

在所有的生意往来中，梅耶尽量都保持诚实守信、正直坦荡的好品格，不久就被人们称为"诚实的犹太人"，名声传遍整个法兰克福，很快就有许多朋友给他介绍客户，带来更多有利可图的生意。

有一天，梅耶得到向一位将军兜售古钱币的机会。他把收集到的古钱币统统拿出来给将军和他的朋友们观赏，并侃侃而谈每一枚钱币的来历和有关典故。这位将军就是埃斯多夫上校，两人很快就结成莫逆之交。

埃斯多夫毫不犹豫地把梅耶推荐给了狂热的古钱币收藏家——黑森-卡塞尔的威廉王子[①]，很快，梅耶就得到了王子的召见。

---

① 威廉王子，1785年成为黑森-卡塞尔伯爵威廉九世，1803年成为黑森选侯威廉一世，1806年因领土被威斯特伐利亚王国吞并而被迫流亡丹麦，1813年得以复辟。

会面之前，精明的梅耶通过哈瑙商界的朋友，把威廉王子的底细打听得一清二楚——这位对金钱有着天然狂热，以向别国"出租军队"赚钱而闻名的未来君主，对各种投机生意极为热衷，尤其是漂亮的收藏品。如果不是注定要继承王位，威廉王子必定是一个天才的商人。

结识威廉王子

梅耶被看门人带入威廉王子的接见厅，他躬身行礼，然后小心翼翼地拿出一个精致的羊皮收藏夹，向威廉王子展示，说道："殿下，我是一个身份卑微的小古董商，能见到亲王殿下是我莫大的荣幸。我这次来，不是为了向殿下推销东西。承蒙埃斯多夫将军阁下告诉我，您对收集古钱币感兴趣，今天我特地给您带来一套已经绝版的15世纪图林根银币，请您赏脸笑纳。"

当时，收藏古钱币是绝大多数欧洲王公贵族的一项雅好。图林根公国已为萨克森王国所灭，图林根银币因此在欧洲钱币收集圈里被视为珍品，即使是零散的图林根铜币，也能卖到100英镑一枚，所以，图林根银币很是讨威廉王子的喜欢。一看到这套市场上罕见的图林根银币，威廉王子按捺不住兴奋的心情，他喜不自胜地抓过梅耶呈上的收藏夹，逐个抽出嵌套在夹子里的古银币，爱不释手地欣赏起来。

威廉王子逐个把玩了片刻，突然像想起什么似的，对埃斯多夫将军耳语道："将军，你看这些是不是真货？不会是那些骗子们仿造的吧？"

"是真货。"埃斯多夫斩钉截铁地回答。

为了讨好威廉王子，将军马上又补上一句："殿下，这套钱币是罗斯柴尔德的镇店之宝，全法兰克福的古董商都知道这套古币，上次魏玛公爵出5万荷盾要买，罗斯柴尔德说什么都不卖！"

威廉王子听到这席话，才放下心来。他清了一下嗓子，拿足架子，对端坐在客座上的梅耶说："罗斯柴尔德先生，埃斯多夫将军多次向我推荐你，说你是一个精明诚信的商人，今日得见，果然名不虚传。法兰克福离哈瑙不远，以后如果你有什么好货色，尽管拿来便是，本王子一向喜爱收集古钱币，在价钱上不会亏待你，这点你大可以放心。"

"感谢殿下的赏脸。我不会辜负殿下的信任，只要碰到最好的古董，我会第一时间呈送殿下。殿下公事繁忙，我就不多打扰了。"言毕，梅耶向威廉王子与埃斯多夫将军各施一礼，然后恭恭敬敬地退出接见厅。

梅耶前脚刚迈出大厅，威廉王子就快步走入内室，他的生意头脑开始高速运转起来。几天后，在哈瑙宫廷内，威廉王子举办了盛大舞会，并邀请哈瑙周围50位最富有的德国王公贵族前来参加。很快，这套古币就被符腾堡公爵以6.2万荷盾的高价买走。威廉王子心里乐开了花，他想，这个梅耶，是个能给我带来财运的人哪！

听到这个消息的梅耶开心地笑了。为了让威廉王子记得他的好，他再次登门拜访，这次他带来了更有价值的漂亮收藏品，包括稀有的钱币、纪念章和金链子，然后以几乎等同于白送的低价"卖"给了威廉王子。

有句古话说得好："杀头的生意有人做，赔本的生意没人做。"为什么梅耶要吃眼前亏呢？以小损而换大益是战争中的重要战术，在商战中是一种明亏实赚的技巧，梅耶当然深谙此道。有时候，吃的亏是明显的、表面的，但获得的利益却是无形的、长远的，何乐而不为呢？

一天夜里，梅耶对店里的伙计吩咐道："再给我挑几套15世纪的古币，明天我有妙用。"在伙计挑选古币时，梅耶并未闲着，他正忙着秉烛给威廉王子的宫廷事务大臣写信。除了表达对王子的忠诚与感激之外，他还亲自编制了一套专门为王子量身打造的古币目录,里面收录了大量珍奇古币。此外,梅耶还将这些古币都明码标价,与市场价相差无几,唯独最昂贵的那几套15世纪的古币却标以半价出售。

不到三天,收到古钱币目录的宫廷事务大臣就寄来回信,称威廉王子要求以目录价购买十几套古币,尤其是半价的15世纪的古币,一个都不能少。收到回信,梅耶立即雇了辆马车,将古币悉数为王子送上门。尔后,威廉王子高价转卖古币的消息便传遍收藏界。梅耶听说后,笑得意味深长。

之后,这种半卖半送的交易一直持续了四年。到1769年春天,梅耶终于决定出手了。

时年26岁的梅耶·阿姆谢尔给威廉王子写了一封极为谦恭的请求信,谈到对王子履行的各种诺言,使王子得到最贴心的满足,接着恳请"得到王子最宽厚的优先授权而成为王宫代理人"。梅耶进而承诺说,将永远奉献所有的能力和财产为王子服务。在信的结尾,他说了一句极其诚实的话——如果获得这项任命尚需讨论,那么他希望得到商业上的尊重。

这封以极其谦卑的表达方式写就的信,是罗斯柴尔德家族众多成员写给那些具有重要地位的达官显贵们无穷无尽的信中的第一封。这些信件中有许多请求都得到恰当的考虑,并为这个家族攫取财富产生了巨大的帮助。梅耶的第一封信取得了威廉王子的信任,任命在1769年9月21日正式生效。此后,罗斯柴尔德的名称后附上了装饰性的后缀——"黑森-哈瑙国王宫代理人"。

对罗斯柴尔德这样的犹太商人来说,头衔和爵位所带来的经济利益要远远超过它本身的价值。换言之,除非他们能够拥有某种放在姓名前面或后面的头衔,否则,所有通往上层社会的大门都会关闭。在这样的一个特权社会里,罗斯柴尔德争取正式身份的迫切心情也就不难理解了。

梅耶将亮闪闪的"王室供应商"铜牌钉在自己略显寒碜的店门前。在欧洲剧烈的战争冲突中,这块铜牌开启了一段波澜壮阔的家族史。

1770年8月，27岁的梅耶·阿姆谢尔迎来了人生中的另一桩大事，他娶了沃尔夫·萨洛蒙·施纳佩尔16岁的女儿居特林为妻，当时施纳佩尔还有一个特殊身份——"宫廷犹太人"。

在这桩婚姻中，梅耶不仅得到了数目不菲的嫁妆，而且因与居特林结合使其后嗣具有了高贵血统。在梅耶看来，这与寻求皇室的庇护同样重要。

梅耶·阿姆谢尔和妻子是一对多产的夫妇，从他们结婚后的1771年到1792年间，这对夫妇每年都要生一个孩子。但在这些孩子当中，仅有10个活了下来。

在梅耶最小的孩子出生后，梅耶的生意开始触及银行业。梅耶在日常的古董交易中，常常不得不允许一部分人赊欠一些钱。同时，威廉王子常常委托梅耶打造新的徽章，于是，梅耶和黑森铸币厂也建立了联系。

与布达拉斯的"生活规则"

1802年，由于丹麦海军被英国舰队摧毁，丹麦国王向表亲黑森-卡塞尔伯爵威廉九世求援，表示愿以丹麦的国家信誉为担保，从他手中紧急贷款400万荷盾，来弥补巨大的财政亏空。贪财的威廉九世当然不想放过这个发财的好机会，可他担心借钱给表兄弟，万一对方到期不还，自己碍于情面又不好出面逼债。威廉九世和手下亲信卡尔·布达拉斯几番合计下来，决定采取民间贷款的方式，找一个可靠的人出面来谈这笔生意。梅耶迫不及待地接下了这份美差。最终，这笔生意谈得很成功，各方皆大欢喜，梅耶更是从中赚取了丰厚的利润。

在梅耶与威廉九世的相处中，布达拉斯起到了关键作用。靠着出众的理财能力，布达拉斯在黑森宫廷里如鱼得水，飞黄腾达，35岁时就超过了一大批资历比自己老的同事，当上了首席财政官。但这个新贵也有烦恼的地方，在论资排辈的黑森宫廷里，由于升迁太快，他遭到了众多妒忌之人的中伤，显得十分孤立。而且布达拉斯虽然管着威廉九世的钱袋子，却不大容易捞外快。有权没钱，这是让布达拉斯最烦忧的事情。

通过威廉九世的大管家牵线，布达拉斯很快就与梅耶打得火热。作为见面礼，梅耶给布达拉斯送了一套珍贵的古银币，一来二去，两人订立君子协议。布达拉斯从威廉九世那里拉来投资，梅耶负责运营，并将所得利润分给布达拉斯一份。这种交易在两人之间有一个特别的名字——"生活规则"，它后来也成为罗斯柴尔德家族与权贵们建立政商关系的不二法则。

布达拉斯不断将威廉九世的生意介绍给梅耶，为罗斯柴尔德家族打开了通往金山的大门。当然，生性多疑的威廉九世对布达拉斯引荐的这个犹太人并不完全放心。有一次，布达拉斯谈到梅耶是多么忠诚时，威廉九世立即表示怀疑："在我看来，他只不过是个奇怪的犹太人，你为什么如此器重他、重用他？即使在最近的几次重要的金融交易中，也只用罗斯柴尔德。这让我实在不能理解。"

布达拉斯立刻热切地反驳。他指出，罗斯柴尔德总是在第一时间就能付款，尤其是伦敦的那一次，而且罗斯柴尔德能巧妙地躲过法国人的眼目，他跟英国人做生意的技巧又十分高明，等等。布达拉斯的一番巧言，使威廉九世转变了对梅耶的看法，况且自己从罗斯柴尔德手中也得了不少好处。从此以后，梅耶就不再受到威廉九世的怀疑，渐渐成为威廉九世的主要银行家，不仅如此，他还成为威廉九世的私人财务顾问。

有一次，梅耶提出一个购买英国股票的建议，威廉九世同意采纳，下令用他的账户购买15万英镑的股票。1798年，在布达拉斯的关照和参谋下，梅

第一章 贫民窟里的百万富翁（1743—1812年）

耶以97.5%面值的优惠价格（其他银行喊价98%），把10万荷盾的法兰克福市政公债转售给威廉九世的战争基金。这一票买卖，梅耶并没有多少赚头，因为他把这次交易作为讨威廉九世欢心的礼物。在布达拉斯的帮助下，梅耶终于成为威廉九世的专职"财政出纳"。

这时，梅耶已成为法兰克福极为富有的犹太人之一，生意已经转向银行业。在莫斯科博物馆的档案文件中，可以找到一张梅耶·阿姆谢尔的资产负债表，这张表里所列的大部分资产是各种类型的国家债券以及个人贷款和各种公司欠债。这张负债表揭露了这样一个事实：梅耶已经在为自己编织一张广阔的商业信用网络，这张网络甚至覆盖到德国的其他城市，包括汉堡和柏林。同时值得注意的是，债务人中还包括著名的异教徒公司，而且，黑森-卡塞尔政府以及政府的两名官员，都作为应该偿还债务的债务人出现在这张资产负债表中。

这张值得推敲的负债表说明，梅耶不放过任何一个使资产增值的机会，尤其是在与政府打交道的过程中。虽然欧洲的政要显贵打心眼儿里瞧不起犹太人，但欧洲在第一次世界大战之前剧烈动荡，使罗斯柴尔德家族有机会如火中取栗一般疯狂敛财。他们发的第一笔大财，就是建立在丹麦王国财政破产的基础上。

18世纪末，英国工业革命为纺织业带来了突飞猛进的发展，抽纱到染色的机械化，给人们的生活带来了空前的改变。不仅在英国本土，甚至在棉花的种植地非洲，这种变革也在悄然发生。

英国的纺织品——围巾、手帕、方格花布在德国成为抢手货，仅仅在法兰克福，就有15家犹太公司从事英国纺织品的进口生意，甚至有些公司的犹太人为了生意的往来，长期留守在英国。

正是在这种背景之下，梅耶的第三个儿子内森在1798年抵达英国。在这个时期，梅耶·阿姆谢尔和内森之间保持大量的通信，信件的内容大都涉及内森在英国的生意。当然，这时的梅耶·阿姆谢尔经常用一种家长式的口吻管教内森，在这些书信中，梅耶·阿姆谢尔会训斥内森"忘了记账"。在早期的生意中，内森展现了一个初出茅庐少年的莽撞与粗枝大叶，而老梅耶则是一个发号施令的人。

在19世纪初，作为一个纺织品贸易人，内森常常因为供应商不能满足自己的需求而暴跳如雷，甚至计划自己生产布料。内森不断地在生意上扯皮，还要应付随时而来的战争。

当时内森正在追求一个英国富商的女儿——汉娜。一天，他未来的岳父利瓦伊·巴伦特·科恩为了账务问题，向内森询问为他服务的律师的名字。

内森在伦敦最早认识的人之中就有利瓦伊·科恩，当时，老梅耶给内森写了一封介绍信，让儿子去见这位自己的老朋友。30年前，当科恩从荷兰移居英国时，就是一位颇有名气的亚麻商人了。由于婚姻关系，科恩的一些亲戚都是18世纪末19世纪初伦敦著名的银行家。

内森刚到英国时，利瓦伊·科恩是伦敦犹太人社会中最受人尊敬的名人之一。他是一个大家庭的男主人，而汉娜是他六个女儿中的老三。他家住在伦敦思罗克莫顿大街11号的天使公寓。

但是，当未来的岳父把这个普通的问题抛向内森时，还没有在英国站稳脚跟的内森事实上并没有自己的律师，但是，这时的内森并没有不好意思地说出事情真相，因为内森觉得如果说自己根本没有律师的话，科恩也许会认为他是一个没有资格和女儿谈婚论嫁的人。于是他努力地在脑海中搜索着关于律师的记忆，他记得在公寓附近的一个房子门前写着一行字——"埃德温·道斯律师"，于是，他用一贯沉着的口吻告诉了他的岳父大人这个名字。

内森·罗斯柴尔德从汉娜家走出来后，以极快的速度拜会了这位道斯先生。他向道斯阐明来意："我要娶利瓦伊·科恩先生的女儿汉娜为妻，我想请您为我估算一下所需费用。"这番话，向这位律师表明了他将成为科恩的女婿，律师当然很乐意为内森服务。

内森凭借自己的机智，顺利地娶到了英国富商的女儿汉娜。后来，汉娜为内森生育了7个儿女，罗斯柴尔德家族在英国确立了广泛的影响力。

走私暴富

1805年10月，拿破仑决定对英国发动贸易战，于1806年11月签署了柏林敕令，对英国实行全面封锁，下令禁止进口英国货物。从此以后，来自英国及其殖民地的船只被禁止进入法国以及其所辖地的港口。

顿时，英国商人的货品一夜之间失去了重要销路。大量货物囤积，难以计数，给商人们带来了巨大的经济损失。喧嚣与狂热的氛围开始凝固，内森的一些贸易合伙人被逮捕，这一时期，内森陷入了巨大的困境中。

面对法国的禁令，内森会作何反应呢？在世界首富的传奇经历中，大多数人在早期往往以赌徒的形象孤注一掷，如草莽英雄般以胆识和狡黠在"灰色地带"游走，以见不得光的方式迅速在阴暗角落完成原始积累，走私这项古老而神秘的方式总会成为他们的首选。

在这种情形之下，内森靠走私继续这种商品贸易生意。当内森想到这个绝妙的主意后，马上兴奋地提笔给父亲写了一封密信。他在信中说，法国虽是战胜国，但工业水平落后，在今后很长一段时间内，将无法满足本国及被其征服的广大欧洲国家在工业品方面的需求；拿破仑对英国搞贸易禁运，简直就是火上浇油，将给包括法国在内的欧洲民众带来巨大的生活及生产压力。罗斯柴尔德家族应先行一步，采取走私等非常规手段，高价将英国的工业品卖给有强烈需求的欧洲大陆国家。

可拿破仑绝不是好说话的主儿，在他的军队眼皮子底下走私，那简直就是在拿生命开玩笑。为此，罗斯柴尔德家族要准备好四样东西：政治后台、强大的船队、有效的分销渠道和雄厚的资金实力。英国是个航海国家，是当时第一海军强国，拥有当时世界上最快、最好的帆船与最优秀的水手。而在拿破仑时代，法国海军却很不像样，无论在航海技术还是船只的速度和灵活性方面都不是英国舰队的对手。罗斯柴尔德家族没费多大力气，首先轻松地解决了船队与分销渠道方面的问题。很快，内森就在曼彻斯特拉起一支精干的走私船队。

罗斯柴尔德家族出重金收买了拿破仑的宠臣缪拉，为走私做掩护。缪拉是拿破仑的妹夫，夫妇俩都是穷奢极侈的法兰西第一帝国的新贵。老梅耶通过达尔堡向缪拉大量进贡，于是，这位元帅就成了罗斯柴尔德家族的保护伞。每当内森从英国放过来的走私船不幸被法国海关扣留时，只要缪拉一纸手令，最后都能顺利过关。

内森与留在法国安营扎寨的弟弟詹姆斯联手，瞒天过海，巧妙地把英国货物销往欧洲各地。在风急浪高的夜里，来自英国的罗斯柴尔德家族的马车暗藏玄机——有一个夹层装满从英国破产商人手上买来的咖啡、棉花、砂糖、葡萄酒等廉价产品。货物上船后，通过多佛海峡被运往法国，然后再神不知鬼不觉地被运到欧洲其他国家。这些走私船像幽灵一样，在法国海军的封锁线下将一船又一船货物运往欧洲大陆，忙得不亦乐乎。走私品的分销渠道由老梅耶负责，早年在欧洲大陆走街串巷的游商生活，使他对各国的商品流通渠道了如指掌。内森从英国发运的走私货，在欧洲沿岸一登陆，就被老梅耶事先组织迎候的各国批发商瓜分一空。对于内森来说，只要有更多的资金就能挣到更多的钱，这时，手中缺乏可供周转的资金成为罗斯柴尔德家族面临的最大问题。内森总是向老梅耶抱怨不知到哪儿去弄钱才好。老梅耶思忖再三，决定向自己的秘密合伙人布达拉斯求助。

第一章 贫民窟里的百万富翁（1743—1812年）

当时，欧洲大陆物资极端缺乏，物价飞涨，布达拉斯很清楚一点，生活在这样一个卖方市场，如果能从威廉一世（1803年成为黑森选侯，此时正因失国流亡国外）那里搞到更多的钱财交给内森营运，就能赚回两三倍的钱，这样不光对罗斯柴尔德家族有好处，最重要的是他自己也能分到一杯羹。

不过，布达拉斯深知威廉一世的个性，他绝不会借钱给老梅耶这种出身于社会底层的犹太商人，所以，老梅耶打算以市场利率直接从威廉一世那里贷出钱来的想法是不可能实现的。布达拉斯不愿眼睁睁地看着从威廉一世身上轻而易得的巨额利润付之东流，他决定瞒天过海，挪用主子的钱给老梅耶做生意。

布达拉斯打算将威廉一世所收取的放贷利息的3%截留下来，然后转交给内森做生意，但这点钱远远不够。情急之下，布达拉斯将内森召回法兰克福，并与老梅耶进行密谈。

三人在布达拉斯家中商量了一个通宵。终于，在天快亮的时候，精于策划的内森想出了一个两全其美的好主意——鼓动威廉一世大量购买英国公债，在钱汇到英国后，由内森先挪用几个月去做走私生意。

一向与英国关系亲密的威廉一世，手头本就持有大量的英国公债。对于英国最终会战胜拿破仑的论断，威廉一世始终是有信心的，只不过最近几年一直在流亡，顾不上对英国公债进行新的投资。现在劝他恢复这项投资，无论从哪方面看，都不会引起威廉一世的怀疑。内森此计得到老梅耶与布达拉斯的高度赞赏。布达拉斯立即动身去哥托普城，建议威廉一世恢复买进英国公债。这个建议正合威廉一世的心意，因为他既是亲英派，又是财迷，便满心欢喜地接受了这个建议。

布达拉斯极力鼓动威廉一世，称购买英国公债需要在英国找一个可靠的代理人，而"忠心耿耿的罗斯柴尔德先生"正好有个能干的儿子在伦敦做生意，何不就委托他办理？布达拉斯又补充道，内森是个"很老实的小伙子",他觉得替威廉陛下做生意是一种荣耀,愿意只收市场价八分之一的佣金。当时做英国公债的经纪人都收取交易额2%的佣金。威廉一世毫不迟疑地同意了布达拉斯的举荐。

1809年年初,内森企盼的资金终于来到。威廉一世通过老梅耶向伦敦汇出15万英镑,用于购买英国公债。内森以战时交通不便,无法及时送收据及英国公债短期看跌为由,将这笔钱在自己手上扣留了三个月。他在曼彻斯特市场上,以鲸吞之势买进15船英国细布,走私到欧洲大陆卖出,把15万英镑的本钱变成了40万英镑。三个月后,内森将15万英镑的公债购买凭证交给专程赶到英国的弟弟卡尔,由其送到哥托普,交给威廉一世。

这样的交易不断地进行,从1809年到1811年,威廉一世通过内森,共投资60万英镑购买英国公债,精力充沛的内森将这笔巨款全部挪用。

胆大心细的内森把走私生意做得风生水起。1810年6月15日,法国政府颁布法令:法国需要某些商品,黄金和白银被允许限量带入。在法国的格拉弗林,法国政府还专门开辟了一块地区用于官方默认的走私行为,内森的走私行为逐渐合理、合法。

突破黄金封锁线

这个时期,在有关罗斯柴尔德家族的信件中,能够找到这样的字句:"他们的父亲年事已高,体弱多病。他的大儿子阿姆谢尔和二儿子萨洛蒙是他大量的业务活动不可或缺的帮手;第三个儿子内森几乎一直到处奔走;四儿子卡尔非常能干,在伦敦站稳了脚跟;最小的儿子詹姆斯则奔走在伦敦和

第一章 贫民窟里的百万富翁（1743—1812年）

巴黎之间。"

1812年，老梅耶已经69岁，或许是由于久坐，他患上了痔疮，慢性痔疮引发了直肠溃疡。9月19日，老梅耶撒手人寰。老梅耶去世之后的第4天，他的儿子们给合伙人发了一封信函，并在这封信中写道：他永远存在于我们和他的合伙人的记忆中。

事实上，这封信也向罗斯柴尔德家族的合伙人传递了这样一个信号：罗斯柴尔德家族的生意还将继续下去。

老梅耶的第三个儿子内森个性强势，当有人问他去英国的原因，他这样描述：由于得罪了一个英国商人。

英国的贸易公司所代理的货物在法兰克福非常紧俏，以至于达到这样的程度："只要卖给我们，就是帮了我们一个大忙。"但是内森却因为过于强势，冒犯了这家公司的商人，结果这个人连货样都没让内森看到。内森一气之下，自己来到了英国，当时他只会说德语。

老梅耶当年最精明的"投资"是购买了英国国王乔治四世和他兄弟们的未偿债务，使得内森与英国皇室成员确立了直接联络的关系，后来又通过与萨克森-科堡家族的交往使这种关系得到进一步巩固。萨克森-科堡家族的利奥波德娶了乔治四世的女儿夏洛特，他后来成为统治比利时的利奥波德一世。而且，利奥波德一世的侄儿阿尔伯特成了维多利亚女王的丈夫之后，也向罗斯柴尔德家族寻求过财政援助。作为回报，维多利亚女王和阿尔伯特亲王的长子继承王位，成为爱德华七世之后，与罗斯柴尔德家族的许多成员都保持友好关系。尽管刚到英国的内森在做纺织品生意时经常与供货商翻脸，但是这并不妨碍他细心维护与英国皇室成员的关系。

正像本节开头那封信所描述的那样，罗斯柴尔德家族成员散落在世界各地。除了走私商品，他们还在做另一件事情。

在1810年到1811年期间，拿破仑的大陆封锁令开始奏效，英国爆发了其有史以来最严重的经济危机。内森敏锐地发现，在这种情况下，保卫国家货币信用的守护神——黄金的价格将持续上涨。

从这时开始，内森一边做走私生意，一边在伦敦市场上日复一日地寻找买进金条的机会。功夫不负有心人，1810年7月，内森打听到英属东印度公司因周转困难，有意出售一批金条套现。但这批金条不零卖，东印度公司要求买主一次付清全部款项，一共是80万英镑。这在当时是个天文数字，吓退了伦敦市场绝大多数有兴趣的买主。

80万英镑是内森到英国十年来，通过做贸易、搞走私攒下财产的近一半。内森知道这笔买卖潜在的超额利润，就毫不犹豫地把这批金条全部吃下。内森的很多朋友都认为他疯了，但内森丝毫不为所动。因为他深知英国政府极其缺乏硬通货——黄金，所以，当他得知东印度公司要出售黄金时，立即一分钱不还，全部买下。当时英国政府也想把黄金吃下来，但财政部官员犯了个错误，认为金价短期看跌，按兵不动，错过了时机。几个月后，等英国政府明白过来，只得用高价从内森手里买回这批金条了。

1810年，拿破仑与反法同盟陷入拉锯战，英国向葡萄牙和西班牙派出远征军，骚扰法军的后方，这支军队的统帅是亚瑟·韦尔斯利爵士，即后来大名鼎鼎的威灵顿公爵。任何一场战争背后拼的都是钱粮，谁的经济潜在资源更庞大，谁就越有可能在战争中赢得最终的胜利。孤军深入欧陆的韦尔斯利爵士很快发现难以支付在西班牙与葡萄牙的军需，有一阵子连军饷都发不出去，整天被当地供应商及手下大兵缠着催要欠款。韦尔斯利爵士怒气冲冲地给英国首相利物浦勋爵写信说："如果您还不向我提供足额的军需款，我的军队在葡萄牙就待不下去了。您干脆把我们撤出来好了，我们这里连军官都开始饿肚子了！"

没过几个月，英国财政大臣就派代表来找罗斯柴尔德家族，说服内森把这批金条卖给政府，开多少价都行。内森开了一个高价，把金条卖给了政府。英国财政部拿到金条后，他们又为如何将黄金运进欧洲大陆发愁。当时，英国向欧洲各国提供的反法补贴及军需都是通过海路运进欧洲大陆。但随着大陆封锁令的吃紧，已有不少满载黄金的英国官船在英吉利海峡被法国海军击沉。

只有罗斯柴尔德家族发达的运输网络才能帮助英国政府突破拿破仑的封锁，把金条送到韦尔斯利爵士手中。

内森决定大模大样地把这批黄金运进法国，然后通过老梅耶的货币兑换所，将这些黄金换成西班牙与葡萄牙的金币、银币，再雇用与罗斯柴尔德家族关系很深的欧洲走私贩子，通过西、法边境比利牛斯山的山间小路，将这些硬通货送给韦尔斯利爵士。

为什么可以直接将黄金运进法国？内森发现军事内行、经济外行的拿破仑犯了一个战略性的错误。拿破仑认为，法国应允许及鼓励英国的黄金进入法国，以为这样不仅能繁荣法国的经济，还能逐渐耗尽英国的黄金储备，削弱英国的金融基础，最终使英国臣服。内森正是利用这个机会，将准备转运给韦尔斯利爵士的金条公开运进法国。黄金运进法国后，内森需要在巴黎有一个绝对靠得住的接应人。于是，在与父亲商量后，19岁的詹姆斯在巴黎驻扎下来。

当时，詹姆斯一个外国人在巴黎很难获得居住证，但一直受老梅耶恩惠的达尔堡公爵正好派上了用场，因为他曾经欠了老梅耶一个人情。1810年，拿破仑迎娶奥地利公主玛丽·路易丝，在巴黎举行了盛大婚礼，达尔堡公爵在受邀之列。但他因为平日挥金如土，所以手中拮据，无力置办昂贵的行头，老梅耶不声不响地送上一笔巨款，让达尔堡公爵在婚礼上挣足了面子。所以，当罗斯柴尔德家族向达尔堡公爵提出给詹姆斯办理巴黎居住证时，公爵一口就答应下来，而且他不仅为詹姆斯办理了居住证，还顺带为卡尔与萨洛蒙办了出入法国的证件。

收到金条后，詹姆斯迅速将其兑换成欧洲大陆各国都认可的硬通货，如法国拿破仑金币、葡萄牙瑞斯金币、西班牙皮阿斯特等，然后亲自押运着装满金币的货车，消失在比利牛斯山莽莽的林海里。两周后，他便带着韦尔斯利爵士开的收据回到巴黎。有了罗斯柴尔德兄弟运来的通货，韦尔斯利爵士的部队顿时有了精气神。粮饷充足的英军与当地的反法游击队一起作战，将法军牢牢地钉死在西班牙。

通过这次交易，英国政府与罗斯柴尔德家族建立了高度信任的合作关系，丰厚的佣金收入使内森变得极其富有。

1814年1月，英国财政大臣授权首席代表约翰·查尔斯·赫雷斯雇用内森完成一项任务。"用最隐秘的方式在德国、法国和荷兰大规模地收购法国的金币和银币，总价值不超过60万英镑，从现在开始两个月内，尽可能完成这项工作。"

罗斯柴尔德家族成功地完成了英国政府委托的任务，正如赫雷斯写的那样："罗斯柴尔德圆满完成了我们的各种服务委托，尽管他是个犹太人，我们还是要对他充满信心。"

1813年，通过黄金交易，罗斯柴尔德家族的财产积累高达5000万英镑，确立了家族在英国的地位。4年前正式加入英国国籍的内森，在伦敦开设了自己的公司，这就是英国罗斯柴尔德银行的雏形。到1814年5月，内森已为政府转运了价值将近120万英镑的黄金。

一段时间里，罗斯柴尔德家族的这条隐秘的走私通道影响了欧洲的战争格局。

同时，内森在此次"黄金交易"中发现，向政府提供金融服务既稳定又轻松，利润更是倍增。于是，在做了几年的贸易和走私生意之后，内森做出一个重大决策——成立英国罗斯柴尔德银行。对于以后罗斯柴尔德家族遍布世界的金融业务而言，内森的这个决定意义重大。

第一章 贫民窟里的百万富翁（1743—1812年）

父子合伙人

随着对法战争的进一步深入，1812年，拿破仑率领约60万大军远征俄国，可战争结局是拿破仑仅剩2万多人，逃出俄国，惨败而回。英、普、奥等欧洲大国看到法兰西第一帝国元气大伤，迅速组成第六次反法同盟，罗斯柴尔德家族需要源源不断地向反法同盟提供战争资金。

1814年，卡尔在筹集一笔赔款时，发现罗斯柴尔德家族此时没有一分钱可以动用，只剩一个办法可行——发行一种和商品不相关的融通汇票。实际上，这种办法更像一种诈骗手段。融通汇票又称"空票据"，是一种既没有原因债务也没有对价的授受、专门为取得金钱的融通而发出的票据，它不是以商品交易为基础发生的票据，而是完全为了资金融通签发的一种特殊票据。

这时，罗斯柴尔德家族成员的手头都开始吃紧，内森毫不掩饰地在信件中谈到阿姆谢尔和卡尔向他"要钱就像是疯子一样"。

财务危机让罗斯柴尔德兄弟之间出现了激烈的矛盾，首先是阿姆谢尔气得病倒，萨洛蒙也受到伤害，并且愤愤不平。然而，他们的抗议并不能动摇内森强硬的态度，他写信给几个兄弟，扬言道："我必须承认，我彻底厌倦了周期冗长的生意和令人不快的结果……从今天起……我想如果萨洛蒙关闭巴黎的业务，带着账本来伦敦将再好不过。戴维森可以带着阿姆斯特丹的账目过来，届时我们就可以清理账目了。我也希望得到法兰克福的账目……因为我厌倦了合伙人制度……"

本杰明·戴维森是罗斯柴尔德家族的高级雇员。内森的这一番话显然是以解散家族的合伙生意相威胁。即使罗斯柴尔德家族拥有很多财富，但那只是停留在账户上的一长串数字罢了，在手头吃紧的情况下，罗斯柴尔德兄弟之间开始出现不团结的迹象，以致焦头烂额的内森对合伙人制度产生了怀疑。

毋庸置疑，对于罗斯柴尔德家族成员来说，这是一段艰难的岁月。萨洛蒙这样抱怨道："自从1811年以来，哪里的业务需要我，我就会去哪里。如果今天西伯利亚需要我，我就会去西伯利亚。请帮我一个忙，不要再给我寄让人不快的信件了。我一个人孤零零地坐在小旅馆里，经常在一支蜡烛的昏暗光线下处理业务……我们现在还有什么快乐可言，年轻时的欢乐已经离我们而去了。"

1815年，拿破仑逃离厄尔巴岛，使欧洲局势继续陷入不明朗的混乱之中。罗斯柴尔德家族的补贴款生意也发生巨大变化。同时，英国政府对内森的老朋友、军粮供应大臣——赫雷斯产生怀疑，这种态度使得犹如惊弓之鸟的赫雷斯开始亲自过问这些业务的账目，让罗斯柴尔德家族成员如坐针毡。

在补贴款生意中，正如罗斯柴尔德家族早年的走私生意一样，并不是所有的交易都能拿到台面上来讲。

罗斯柴尔德家族在补贴款业务的早期，曾利用利率差来获取利润，也在与各国政府的交易中对俄国进行了贿赂。这些都需要一个强大的财务人员来粉饰混乱不堪的账本，以应对十分挑剔的赫雷斯。最后，本杰明·戴维森将账目梳理平整，并且向世人展示出，在补贴款生意中，罗斯柴尔德家族在9个月的时间里，承担了规模庞大的业务，并给政府带来了利润，而自己并没有获得什么利润。

查账风波也让五兄弟开始反思家族的合伙人制度。这时，詹姆斯考虑在巴黎成立一个公司，但是，是否继续沿用罗斯柴尔德家族的名字成为一个问题。

老梅耶在临终前告诫五个儿子："只要你们团结一致，你们就所向无敌；你们分开的那天，将是你们失去繁荣的开始。"为此，家族徽章被设计成一只大手抓着五支箭的形象，以古代传说中"折箭训子"的典故警示后

第一章　贫民窟里的百万富翁（1743—1812年）

世：单独一支箭脆弱易折，而很多支箭放在一起就很难被折断。

从刚刚起步开始，老梅耶就给家族企业定了一条规则，它此后被严格执行了一个多世纪——家族的男性后代，就运作家族企业而言，是最核心的部分；亲家们被视为外人，不被允许插手家族企业的管理工作。在老梅耶写给内森的一封信里可以很明显地看出这一点："亲爱的内森，如果我们的信件直接交到你手上，我们可以想说什么就说什么；还是说你是和你的家人（指内森的岳父科恩）一起阅读信件？请告诉我。"

早在此前，老梅耶就把家庭或私人信件与商业信件区分开来。通常家庭信件用希伯来文书写，而商业信件通常用德语、英语和法语来写。他还一再提醒内森："我上次就重申过，你用希伯来文写家信很合适，但商业信件你必须用德语、法语或英语来写。我不能把你用希伯来文写得乱糟糟还夹着家事的信件交给我的秘书处理。"

为了进一步把家族生意规范化，1810年9月，老梅耶与三个儿子阿姆谢尔、萨洛蒙和卡尔散发了一些宣传单，称自己将成立家族公司进行合伙经营。在此一年前，老梅耶仍然称自己是公司的唯一负责人，他的儿子只不过是助手。他们还在犹太街买了一块空地，为公司建立办公场所。而此时，在正式的合伙协议中，罗斯柴尔德家族明确宣布："一个贸易公司已经存在。"在这个公司中，老梅耶与他的两个儿子阿姆谢尔、萨洛蒙是生意上的合作伙伴。不久，他的另外两个儿子卡尔、詹姆斯也被吸纳为合伙人。

协议还明确规定，在这个"父子公司"里面，老梅耶保持着独一无二的领导地位，而且他还享有在协议期间撤回股份的特权，并掌握公司聘用和解雇员工的权利。另外，儿子们只有在他的许可下才能结婚。

财务危机导致的不愉快过后，几兄弟商议建立一种联合商业机构，这样的商业机构按照五个合伙人各自的责任进行运作，但它拥有对各合伙人而言协调一致的利益。随着这一协议的确立，罗斯柴尔德家族的生意开启了一种更深远、更持久的商业模式。

如果说财务危机增加了兄弟之间的怨恨与埋怨，那么，当面临有家族以外的势力的威胁时，罗斯柴尔德家族的团结又是牢不可破的。

建立独立的情报网络

罗斯柴尔德家族之所以能顺利完成任务，在于具备现成的情报系统——内森在伦敦，阿姆谢尔在法兰克福，詹姆斯在巴黎，老梅耶的第四个儿子卡尔在阿姆斯特丹，詹姆斯的儿子萨洛蒙在内森认为可能需要他的任何地方。

内森五兄弟利用市场间的差价和汇率差赚钱，比如说，如果巴黎的金价高于伦敦金价，在巴黎的詹姆斯就会卖出黄金，然后把现金发到伦敦，在伦敦的内森就会用这笔钱购买更多的黄金，这个过程就是套汇。

对于罗斯柴尔德家族来说，落后的寄信方式远远满足不了他们对信息传递的需求。对于涉及区域如此广阔的业务，邮政通信的速度过于缓慢，而且还有其他潜在的风险——信件的内容得不到保护。这种状况给罗斯柴尔德兄弟带来很大不便。他们经常要进行大量生意上的讨论，通常都涉及商业机密，并且也要求信息传递速度更快。

为了能快速弄到准确的秘密信息，罗斯柴尔德家族与法兰克福负责邮政事务的图恩和塔希思家族建立了亲密的联系。图恩和塔希思家族起源于意大利，于13世纪末开始邮政业务，至1650年始以图恩和塔希思家族的名义被批准负责神圣罗马帝国邮政业务的经营。神圣罗马帝国统治结束后，图恩和塔希思家族在黑森及法兰克福等地仍经营邮局。图恩和塔希思家族让国王掌控

第一章 贫民窟里的百万富翁（1743—1812年）

从所谓的机密信里获得的信息，从而获得了邮政行业的垄断地位。

只要跟图恩和塔希思家族关系密切，就能获取机密消息并以此牟利。所以，罗斯柴尔德家族花费了大量的时间、精力来讨好图恩和塔希思家族，并且在一笔笔金融生意中，博得了图恩和塔希思家族的欢心。

但是，随着罗斯柴尔德家族在世界各地展开业务，法兰克福的邮政服务已经不能满足家族业务的需要。经过再三斟酌，罗斯柴尔德家族决定建立自己的情报系统。他们从5000万英镑的家产中拨出一大笔钱，专门建立了一个庞大的、横跨欧洲的、高效的定期通信网络。

罗斯柴尔德家族不仅建立了欧洲联络网，还在其他重要市场如纽约、莫斯科等地安排代理人，负责收集最新的金融和政治信息；不仅派遣专职的信使带着信件穿梭往返，还想方设法提升消息传递的速度，如向船长支付额外费用、用不同颜色的信封表明涨跌、使用信鸽等。其中，在信鸽传出去的信中，"AB"意指消息利好、买进股票，而"CD"则相反。他们还请专家完善已有的密信系统，将密码进一步升级，使之更难破译，同时采用多个线路寄出信件复件以避免信件延误。1814年，阿姆谢尔提出一个在法兰克福解决延误问题的聪明办法：如果汇率上升，他的弟弟们用蓝色信封给他寄信；如果跌了，则用红色信封。

此外，罗斯柴尔德家族还高价购置最快、最新的交通设备，如快帆船、邮车等；又重金雇用了一批精明机灵的情报员，将他们分布到欧洲各个战略要地，昼夜不停地收集情报，从政治、军事、商务信息到社会热门话题，无所不包。

这一信息传递系统的性能远远超过了任何官方信息网络，无论是从系统的效率，还是从速度和准确度上来说。这一信息传递系统使罗斯柴尔德家族能够在第一时间获得重要信息，并赶在消息影响整个市场前买进或抛出证券，其他商业竞争对手难以望其项背。对于这样一张通信网络，甚至有这样的传言："任何一个大臣都没有与秘密特工和政治间谍进行过如此程度的沟通……通过这些信息来源，他掌握的奇怪和隐藏的事情通常能吓到那些听他讲故事的人……世界历史的秘密是他消遣的内容。"

1820年，当法兰西国王路易十八的侄子贝里公爵遇刺身亡，罗斯柴尔德家族的情报很快派上了用场。路易十八没有子嗣，所以贝里公爵成了最有可能继承王位的人。一个政治狂徒杀了贝里公爵，他以为这样能使法国国王后继无人，从而拯救整个法兰西。及至贝里公爵的死讯传出，证券市场暴跌的时候，先行得到消息的罗斯柴尔德家族早已做好了周密安排。

那时，罗斯柴尔德家族专用的信使马车在欧洲的公路上飞驰，罗斯柴尔德家族雇用的快帆船穿梭于海峡之间。在欧洲各国的街头，罗斯柴尔德家族情报员的影子幽灵般地在每一个人群聚集处徘徊，身穿蓝底黄条制服的罗斯柴尔德家族信使在欧洲各国间驾着马车匆匆赶路，他们不辞辛苦地传递现金、债券、商业信件与情报。

刚开始，情报系统还只限于联系身处伦敦、法兰克福和巴黎的三兄弟。随着在奥地利的生意不断发展，萨洛蒙在那里待的时间也越来越长，情报系统也延伸到了维也纳。

奥地利驻伦敦的代表们与罗斯柴尔德家族有着频繁的书信往来，他们很快感受到这种私人的信息传递系统更为便捷。而且，他们将最重要、最机密的信件交给信息传递系统代为传达，根本不用担心罗斯柴尔德家族的信使会"拦截"他们的信。

在那些年月中，罗斯柴尔德家族能够为那些希望与之结交的政治家和外交官提供非常出色的服务。他们不仅能提供私人银行服务，也能够比正常的邮递途径更快地投送信件，因为这一邮政系统确实非常安全而且快捷。

第二章
给政府放贷的人
（1813—1832年）

滑铁卢战役背后的赢家

罗斯柴尔德家族利用分布在世界各国的情报系统获取政治、经济情报，从而迅速了解各地的政治、经济动向，迅速采取行动，出奇制胜。

1815年6月18日，在比利时布鲁塞尔近郊展开的滑铁卢战役，不仅是拿破仑和威灵顿公爵分别统帅的两支大军之间的生死决斗，也是成千上万投资者的巨大赌博。如果反法联军战胜，英国公债将猛涨；如果法军战胜，将是英国公债跌，法国公债涨。因此，在英、法证券市场上，在哪头做多、哪头做空，将是最疯狂的赌博。押对的人能一夜暴富，押错的人会倾家荡产。而对错的关键，就是看谁能最先得到滑铁卢战役最准确的战报。

早在这场战役开始之前，内森就在即将开战的几个战略要点奥斯唐、根特、布鲁塞尔以及巴黎、卢森堡进行周密布置，提前一个月派出罗斯柴尔德家族中最优秀、最能干的情报员，不停地向内森发送备战信息。在两个阵营的军队里，罗斯柴尔德家族都安插了眼线。反法同盟军队里，罗斯柴尔德家族在威灵顿公爵的军队里安排了一位高居参谋军官之位的密探。在黑森和普鲁士的军队里，阿姆谢尔请布达拉斯安插了一位上校和一位将军。拿破仑军队方面，萨洛蒙通过达尔堡公爵的介绍，认识了一位拿破仑的贴身侍卫官与内伊元帅部队里的一位骑兵军官。在隔英吉利海峡相望的英国多佛港与法国加来港，内森各布置了5艘性能一流的快船，昼夜待命。此外，还有6位罗斯柴尔德家族的情报员，以随军商人的身份分别跟着两个阵营的大军开进了滑

第二章 给政府放贷的人（1813—1832年）

铁卢。在他们装货物的马车里，都放着鸽笼，里面共装有24只经过训练的信鸽，准备在最后的战果出来后，就分别往巴黎与伦敦放飞，给詹姆斯与内森的居住地报信。

到傍晚时分，拿破仑的败局已定。罗斯柴尔德家族的情报员们快马加鞭，第一时间就把法军战败的消息送到了巴黎詹姆斯的居所。詹姆斯迅速地将各份报告综合起来，写成了一封只有两行字的密码信件，做成6个抄本，同时派出6位信使，乘坐专用的轻便马车，从6条不同的线路奔向加来港。很快，获知确切消息的内森便立即动身，赶在政府的急件快递员到达之前几个小时返回伦敦。

回到伦敦后的内森立刻把这个消息告诉了英国政府，那还是在战役结束后的早上，比英国将军威灵顿公爵的信使早好几个小时。当时人们不相信他的话，不过他后来还是得到了政府的赞赏和钦佩。

在履行了作为一个奉公守法的英国人应该履行的义务后，内森走进伦敦证券交易所的交易大厅。许多天以来，这里都笼罩在极度的紧张与不安的阴影中。开盘后一个多小时，在官方公报未公布之前，内森指挥自己的那群代理人开始做空英国公债。代理人都像发了疯一般地疯狂抛售手里的债券，很快地，场内其他经纪人开始沉不住气，也加入了抛售的行列。抛！抛！抛！英国公债就像跳水一样直往下跌。恐慌笼罩着整个证券交易所。这时候，连最老练的经纪人也动摇了："罗斯柴尔德都抛了，我们还等什么！再不抛，公债就要成废纸了！"于是，英国公债以前所未有的速度狂泻，到了这天下午收盘时，英国公债的价格居然被打到崩盘的价位！市场立时一片恐慌！此时内森的那批秘密代理人却在底部悄悄吸货。

第二天清晨，伦敦的所有报纸在头条刊登了"滑铁卢大捷"的消息，伦敦证券交易所一开市，英国公债就跳空高开，内森兄弟一举赚进2.3亿英镑！相当于现在的500亿美元。要知道，股神巴菲特投资了近60年，截至2007年也就是全球金融危机之前，身家也不过500亿美元。

罗斯柴尔德家族在滑铁卢这件事上未卜先知的能力，让英国政府的官员们瞠目结舌。近一个世纪之后，伦敦的罗斯柴尔德家族又比日本驻英国的使馆早两天获得日本海军全歼俄国舰队的消息。由于罗斯柴尔德家族消息灵通，被人们称为"无所不知的罗斯柴尔德家族"。

为了保密，他们有专门的信使，彼此用密码进行联系。例如，老梅耶的代号是"阿诺迪"，威廉九世的代号为"戈德斯坦"，在英国的投资被称为"鳕鱼干"。数年之后，当罗斯柴尔德家族扩展到美洲后，他们仍用这种方法保持欧美之间的联系。当美国内战即将结束时，伦敦的莱昂内尔（内森之子，1808—1879年）收到他的代理人从美洲发来的一份电报："夏勒姆先生将至。"夏勒姆是意第绪语"和平"的音译。英国维多利亚女王有时也宁愿用罗斯柴尔德家族的信使来传递她的信件，而不用英国的外交邮袋，就是因为罗斯柴尔德家族内部的信息传递系统迅速又可靠。

罗斯柴尔德家族第六代掌门人大卫·罗斯柴尔德的这段话应该能作为对罗氏家族情报系统如此发达的解释：

"我们这个家族所从事的领域当然需要你有很好的判断力，但前提是你要掌握大量的信息和情报，如果你自我封闭，然后闭门造车的话，那肯定是不能成功的。所以我们这个家族一直保持着一种传统，就是我们跟政府靠得很近，所以我们知道政府在想什么，我们也知道公众在想什么、公众害怕什么。同时我们也和那些大公司走得很近，所以我们对于他们的战略都了解得很清楚。几代人的努力积累下来，那么你的判断力肯定就更加敏锐了。"

1815年的滑铁卢战役，让拿破仑走入穷途末路，而对于罗斯柴尔德家族来说，这一战役却让其赚得盆满钵满。

第二章 给政府放贷的人(1813—1832年)

拯救英格兰银行

拿破仑战争结束后,欧洲政局稳定,各国政府债券的发债成本降低。1822年发行的政府债券收益率达5%,到1824年已经降到3.3%。对于投资者来说,政府债券虽然安全,但回报不高。

法国罗斯柴尔德银行当时的重要业务是将原先利率高的政府债券转变成利率低的新债券,这在法国还是新生事物,但是在英国早已流行,罗斯柴尔德家族顺理成章地借此收取高额代理费。很多持有债券的人不愿意接受低利率,而是选择赎回,再寻找更高收益的投资,他们将目光投向新兴市场。

随着西班牙帝国的衰落,它之前的殖民地国家纷纷独立。1822—1825年间,哥伦比亚、智利、秘鲁和危地马拉在伦敦成功发行价值2100万英镑的债券。那些计划勘探新世界的英国矿业公司的股票也很抢手,其中一家名为盎格鲁-墨西哥的公司股价在一个月内从33英镑疯涨到158英镑。

拉美各国政府在英国疯狂发售公债,引发英国大小银行争相承销,到19世纪20年代,伦敦已经取代阿姆斯特丹成为欧洲主要金融中心和外国政府的融资地,新的全球债券市场崛起速度之快令人咋舌。1820年的伦敦市场仅有一只外国政府债券,到1826年已经达到23只,俄国、普鲁士和丹麦发行的债券因为回报较高而遭到抢购。

内森冷眼旁观,并没有加入这股投资热潮,而是建立了一家联合保险公司。正当英国投资者翘首以待南美的财富机会时,一个名叫格雷戈尔·麦格雷戈的苏格兰人来到伦敦,他自称是"波亚斯"国的酋长,向投资者和有殖民倾向者贩卖政府债券和土地权利。然而,当人们抵达"波亚斯"时,发现所谓的"首都"就是被沼泽地和印第安人包围的一些土屋,这个国家不过是格雷戈尔·麦格雷戈凭空虚构出来的幌子。

这起事件昭示了高收益债券走向破灭的命运。同时，英国的出口猛增，一方面刺激了生产和投资迅速扩大，另一方面导致原材料价格上涨，最终，供给严重超过需求，投资泡沫破裂，最终爆发危机。1825年，英国出现钱荒，货币危机不断蔓延，73家在英国的银行纷纷倒闭，发生挤兑，在48小时之内，英国人与人之间通过货币的交易全部停止，只能靠物与物交换。

其实内森对这场危机早有预料，正是英国政治家、贸易委员会负责人赫斯基森所主导的一系列出口政策导致了灾难的发生，内森一直与此人意见相左，而且积怨已久。对于内森来说，他更愿意看着对手如何焦头烂额地收拾这个烂摊子。当时在英国甚至流传这样一则逸闻：内森威胁说要拿着大量小面额的纸币到银行柜台兑换黄金，从而耗尽英格兰银行的黄金储备。当然，这只是一个传说。

英格兰银行行长曾经向政府提出建议：停止现金支付是唯一能避免危机扩大的途径。但是提议遭到了首相利物浦伯爵的拒绝，他认为银行此举的目的是在针对贸易政策。当英格兰银行发出将要私自停止兑换业务的警告时，英国政府才如梦初醒，内阁命令军队开赴伦敦各地，以免发生动荡。

面对危急情势，经人劝说，内森表示愿意拿出黄金，他为每笔交易开出2.5%的费用，表示这只是出于公益目的。他还叮嘱劝说者不要将这件事情公布出去，否则他将时刻被人缠着兑换黄金。仅仅在伦敦，就有6家银行因为挤兑而停业。最后，赫雷斯出面协调，内森伸出援手，向英格兰银行提供黄金，同时建议政府干预货币市场，通过购买国库券增加市场的流动性。

早在1823年夏天，内森就曾向英格兰银行借贷300万银元，以支付葡萄牙的贷款。英格兰银行坐落于英国伦敦市金融中心的针线街，所以内森更愿意将其称作"针线街的老太太"。当时内森正计划成为东印度公司的金银交易

第二章 给政府放贷的人（1813—1832年）

的唯一中间商，并且想与英国的铸币厂建立联系，但是所有计划均以失败告终。所以，内森对"针线街的老太太"的称谓中夹着哀怨和嘲弄。

在1825年12月，为应对货币危机，内森出手向"针线街的老太太"提供价值30万英镑的金币，并在接下来的几周内再次提供数额庞大的黄金。远在巴黎的詹姆斯调侃道："我倒空了我的保险箱给你提供黄金。"直到市场完全恢复信心。除了詹姆斯提供的一部分黄金以外，内森还从土耳其、奥地利以及世界其他角落进口黄金，只要见到黄金就买。同时，英格兰银行向摇摇欲坠的银行和公司提供资金援助，这一举动也开创了中央银行的危机救助模式，改变了整个银行业的商业模式。由此，英格兰银行从一家私人银行转变为央行，成为银行最后的贷款人。

拯救英格兰银行是一项杰出成就，它确立了罗斯柴尔德家族在国际金融市场上的主导地位。当时，内森的大哥阿姆谢尔在法兰克福坚守罗斯柴尔德家族银行的大本营，二哥萨洛蒙在奥地利的维也纳建立了家族的分支银行，四弟卡尔在意大利的那不勒斯建立银行，五弟詹姆斯在法国巴黎也有一家银行。由此，罗斯柴尔德家族搭建起金融业务涉及伦敦、巴黎、维也纳和那不勒斯的金融商业帝国。

英格兰银行建立的国际化协作机制，后来成为中央银行日常业务的开展流程，这一体系也是金本位①制度运行必须依赖的基石。

---

① 以黄金为本位币的货币制度。在金本位制下，每单位的货币价值等同于若干重量的黄金（即货币含金量）。

对手：巴林家族

滑铁卢战役后，詹姆斯决定留在巴黎发展。这时候，罗斯柴尔德家族在法国的根基已经很深。根据老梅耶为家族定下的"反对革命浪潮"的态度，罗斯柴尔德家族一直向流亡的法国贵族普罗旺斯伯爵提供经济支持。

普罗旺斯伯爵是被送上断头台的法国国王路易十六的弟弟，路易十六当国王的时候，因为独生子年幼，立伯爵为摄政王。法国大革命后，伯爵逃亡到布鲁塞尔，发表反对革命的宣言，组织流亡贵族团体，请求其他国家的君主同大革命做斗争。路易十六死后，其侄子路易十七在狱中被保王党遥奉为国王，伯爵自任路易十七的摄政王。1795年，路易十七死于狱中，伯爵自立为路易十八。至此，詹姆斯在他身上的投资也等到了"开花结果"的一天，同一年，法国罗斯柴尔德银行宣告成立。

滑铁卢战役以后，法国丧失了拿破仑战争中得来的大片领土，政治上陷入被围堵的境地，国民经济也日益凋敝。路易十八的政府在财政上捉襟见肘，不得不四处贷款。在1817年的对法大贷款中，作为主导的法国著名银行家乌弗拉德邀请英国巴林银行共组银团，拿下了这笔政府贷款的大生意。乌弗拉德称得上是欧洲银行界神通广大的人物——他曾经一手资助了拿破仑的"百日复辟"，而在拿破仑战败后转而投靠路易十八，并讨得后者的欢心。

那时，巴林家族是罗斯柴尔德家族最大的对手。作为一家大的家族银行，巴林银行在1763年由弗朗西斯·巴林爵士创建，因对英国王室鼎力支持，巴林家族获得了英国王室赐予的五世贵族爵位。

在巴林家族与法国政府谈判代理法国公债事宜的同时，罗斯柴尔德家族也正利用在法兰克福、维也纳、巴黎和伦敦所形成的强大而有效的犹太银行家销售网络，意欲参与到这笔巨额生意中。当时，人在巴黎的詹姆斯极力接近黎塞留首相的秘书,这位秘书也经常向罗斯柴尔德家族通告一些有价值的政府意图。

但是在1816年秋冬之际,法国政府还是把承销公债的业务交给了巴林-霍普财团,同时,巴林-霍普财团将罗斯柴尔德家族完全排除在这笔大单之外。乌弗拉德一口拒绝了罗斯柴尔德兄弟的请求:"罗斯柴尔德家族在这笔生意中连一口汤也别想喝到!"

罗斯柴尔德家族百般无奈之下,只得寻求加入巴林-霍普财团,争取第三批法国政府公债的部分承销权。经过反复努力,在1817年的法国公债承销中,罗斯柴尔德家族只分到区区5万英镑的份额,而"吝啬"的巴林家族却表示说,这已经够多了。

从巴林和罗斯柴尔德两个家族的家族档案中找到的几封信里,可以看出双方的态度,其中罗斯柴尔德家族抱怨巴林家族"口是心非""狂妄自大",巴林家族则指责罗斯柴尔德家族"作弊""恶毒"。1818年5月30日,因发行政府债券而尝到甜头的法国政府再次融资,巴林-霍普财团获得了265亿法郎的债券承销业务,他们给了银行家拉斐特2000万法郎的额度,却只给了罗斯柴尔德家族1000万法郎。同年,巴林-霍普财团获得了一笔300万英镑的奥地利政府公债业务。罗斯柴尔德家族被邀提供财政支持,但是无权处理贷款本身。

法国贵族们自恃出身显赫、血统高贵,一直看不起罗斯柴尔德家族,认为他们不过是一群"犹太暴发户",不愿意和他们为伍。尽管詹姆斯在巴黎财大气粗、豪宅华服,但法国贵族总是拿他们作为笑谈,罗斯柴尔德家族终于被激怒了。

对于打击对手,罗斯柴尔德家族有一套炉火纯青的本领。同以往一样,他们发动了一场没有硝烟的战争——大规模干预公债市场。

1818年11月5日,一向稳健升值的法国公债突然开始大幅下挫,很快就跌破发行价。不久，政府其他债券的价格也出现了不同程度的下滑。一时间人心惶惶。随着时间的推移，情况非但没有好转，反而越来越糟。交易所里的议论逐渐演变成流言，有人说拿破仑可能再次上台，也有人说政府财政税收不足以偿还利息，还有人担心爆发新的战争。与此同时，路易十八的宫廷也笼罩在一片阴云之中，债券价格如果继续大幅下滑，政府以后的开支将无从筹集。高傲的贵族们个个哭丧着脸，詹姆斯和哥哥卡尔则在一边冷眼旁观。

没过多久，有关罗斯柴尔德家族在操纵公债市场的流言开始四处出现，而事实正是如此。为了报复巴林家族，从1818年的10月开始，罗斯柴尔德家族先大量"吃进"巴林家族代理的法国公债，将其价格拉至高位；随后在同盟国召开亚琛会议的节骨眼上，突然在市场上大量抛售，一下将其价格打到崩盘的价位，造成市场的极大恐慌。受此打击的巴林家族在慌乱之中不得不大量回购这些公债，结果是杯水车薪，无济于事。由于现金流吃紧，巴林家族命悬一线。

闻此消息的路易十八就像热锅上的蚂蚁，眼看自己的王冠将就此不保。此时，宫廷里罗斯柴尔德家族的代理人向国王进言，为什么不让罗斯柴尔德银行出来稳定局面呢？路易十八再也顾不上皇家的身份地位，马上召见詹姆斯兄弟。爱丽舍宫的氛围陡然逆转，被冷落许久的詹姆斯兄弟处处被笑脸包围着。

很快，罗斯柴尔德五兄弟在"司令"内森的指挥下，出手制止了债券的继续下跌，他们由此成为法国上下瞩目的明星，登门求贷的商人都快踏破了门槛。在罗斯柴尔德兄弟齐心协力的攻势面前，强硬的乌弗拉德也不得不低下了高傲的头颅，同意他们今后加入所有对法大贷款的发行。受到空前打击的巴林家族，此时也成了斗败的公鸡。然而，这只不过是罗斯柴尔德家族打击对手的一次小小演习。他们更大的算盘还在后面，那就是从东西两个方向对巴林家族进行战略性打击，最终将其势力从欧洲驱逐出去。

在这个节骨眼上，整个巴林家族的商业素质和进取精神衰退，其家族主要成员的兴趣不是偏向了政治，就是转向了文学艺术和其他声色犬马的生活。与此同时，巴林家族的投资方向也出现了许多重大失误。因为大量地产投资陷得过深，他们不得不抽取银行的自有资金支持地产投资，结果从1821年开始，巴林投行业务中622万英镑的自有资金在两年内锐减到只剩下三分之一左右。这一切都给了罗斯柴尔德家族可乘之机。

1822年，罗斯柴尔德家族一举拿下了俄国650万英镑公债的承销权，而在这之前，俄国的政府公债长期由巴林-霍普财团一手垄断。两年后，法国政府国债准备发行，坐镇巴黎的詹姆斯立即召集伦敦的堂兄弟、法国首相、巴林家族和拉斐特开会，提出了重组法国债务的计划，此时巴林家族已经完全失去了决策权。罗斯柴尔德家族和拉斐特在协议的补充条款里加上了这么一条：如果巴林家族退出，他们两家就能把这笔法国债务处理好。最终，罗斯柴尔德家族露出了胜利者的微笑。

从此，乌弗拉德和巴林家族懂得了一个道理：罗斯柴尔德家族可不是好惹的！到1825年，巴林家族和罗斯柴尔德家族已经不是同一重量级的竞争对手，罗斯柴尔德家族将巴林家族远远地甩在了身后。

战争与和平

有一种阴谋论的论调颇为骇人听闻，它告诉人们，这世界有四千年的历史都是由犹太人操控的。到了近代，其操控主角是罗斯柴尔德家族，除了十月革命、"大萧条"、一战（第一次世界大战，以下简称为"一战"）和二战（第二次世界大战，以下简称为"二战"）是由罗斯柴尔德家族布局发动的以外，还有之后的朝鲜战争、越南战争也是罗斯柴尔德家族的"作品"，甚至包括2001年的"9·11恐怖袭击"，也是罗斯柴尔德家族的阴谋。

而事实上，作为商人，罗斯柴尔德家族的大多数成员格外关注社会秩序的稳定。商人的本能使罗斯柴尔德家族在风云际会的国际政治中，始终站在反对革命的一边。

显然，这并不是因为他们天生喜爱和平，而是出于一种实用主义的立场。他们只根据利益选择自己的政治立场。卷土重来的革命浪潮，不只是他们潜在的新业务资源，更是影响金融市场稳定的一个威胁，时局动荡的直接后果，是迫使投资人大量抛出持有的债券，那么他们手中持有的政府公债也就会一钱不值。

实际上，革命对罗斯柴尔德家族财产的威胁，比起个人生命安全所受到的威胁更让他们感到担忧。詹姆斯很清楚这一点："他们不会碰你的一根头发，但他们会一点点地蚕食（你的财产），直到你什么也不剩。"这就是他们对于革命所持的观点——不可避免的政治灾难。基于上述原因，在反革命的联盟当中，罗斯柴尔德家族会通过财政手段干预别国的事务，以阻止本地的革命取得成功。

1815年9月26日，在沙皇亚历山大一世的倡议下，俄、普、奥三国缔结成立了一个国际性的反革命联合组织——神圣同盟，宣称要以军事力量共同保卫君主政体。几乎欧洲所有国家的君主，都签字加入了这个反革命联盟。奥地利首相梅特涅是神圣同盟的"灵魂"，实际操纵着同盟，他声称，欧洲"各种事物的现状不会再有变化了"。罗斯柴尔德家族对神圣同盟的影响十分深远。

在滑铁卢战役后，罗斯柴尔德家族的第一笔贷款贷给了普鲁士，普鲁士战后债务危机加深，普鲁士政府开始向英国政府求助。在这笔贷款交易中，

第二章 给政府放贷的人（1813—1832年）

对于普鲁士不甚了解的内森首先和一个叫作巴兰东的人取得了联系，这个人实际上只是一个破产的三流交易商。萨洛蒙斥责了内森的鲁莽，并且匆忙地赶往巴黎，与普鲁士首相进行了长谈。

最终，萨洛蒙的果断救火让这桩生意成形。在这宗贷款中，内森要求普鲁士以皇家的资产作为担保，这个条件的提出，表示内森已经阐明了作为债权人的立场：即使与政府做生意，也要遵循英国当下的金融服务的规则。内森在与给普鲁士财政主管的信中，措辞强硬，并且没有丝毫的掩饰。

"现在轮到你们完成自己的任务了，希望你们履行诺言，不要提出新的条件，所有事务必须按照像我们这样的男人之间的约定进行，那是我所希望的。"

在这种规范的金融服务中，内森在1818年与普鲁士的财政大臣罗特尔谈判，通过了《国债未来管理命令》，规定如果以后要获得新的贷款，必须通过议会来商议。正是因为这个条件，普鲁士是19世纪德意志所有的邦国中借贷最少的国家，同时，普鲁士国内的紧缩政策最终导致了革命的爆发。罗斯柴尔德家族通过这笔贷款，给普鲁士的财政大臣，以至于德国的金融市场留下了这样一种印象：内森完全控制了伦敦的汇率。由此，内森在柏林的名声开始确立。

事实上，这桩向普鲁士发放贷款的生意开启了欧洲资本市场的一个先河，英国《泰晤士报》评论："内森是将国外贷款引进英国的第一人。"这种说法并不过分。虽然罗斯柴尔德家族最初的想法只不过是想摆脱在法国与英国的霉运，在别的地方碰碰运气。

1820年，意大利半岛上的撒丁王国和那不勒斯王国爆发革命，革命者要求宪法和民主。后来，在奥地利首相梅特涅的建议下，奥军前往镇压。12月，梅特涅就从特罗保写信给萨洛蒙，要求他提供一笔2500万或3000万法郎的贷款，并指出这将"关系到那不勒斯王国将来的命运"。萨洛蒙表示同意,但他并没有采取任何公开的行动,这是因为一旦奥地利发行新债券筹集贷款的消息被公众所知,可能会引发大量不确切的报道,这样就会使受意大利危机影响的维也纳市场行情进一步下挫。

为此,萨洛蒙与奥地利财政大臣施塔迪翁达成默契:任何贷款只有等两西西里王国(1816年那不勒斯王国和西西里王国合并而成)国王费迪南多一世重回王位后才能筹集,复位后的收益将用于偿还奥地利干预那不勒斯革命的费用。同时,他给施塔迪翁提供了短期的财政援助,资助弗里蒙特将军向南进军。

不久,前线再次发生钱粮短缺,奥地利财政大臣施塔迪翁再一次面临与拿破仑时代相同的财政困境。危机进一步深化,当皮德蒙特爆发新革命的消息传来,奥地利国家信用正处于完全崩溃的边缘,国债价格持续下跌,罗斯柴尔德家族不得不再一次出手制止。卡尔在费迪南多一世寻求获得贷款以偿还奥地利干预费用后,匆匆赶到了南方。

奥地利政府不得不向罗斯柴尔德家族求援,筹集军费和发行公债,以便得到尽可能多的贷款,但后者对那不勒斯政权的信用评价很低,只愿意提供高利率贷款。经过几轮艰难的谈判,最终双方达成妥协,第一笔那不勒斯贷款从最初的按54点价格发行债券、提供1000万通用金币,提高到了按60点价格发行债券、提供1600万通用金币。不仅如此,梅特涅在意大利的其他事务上也向萨洛蒙寻求支持,以满足政府急速增长的财政需求。

施塔迪翁悲哀地发现,无论从那不勒斯榨出多少油水,现有的收入都无法弥补其军事干预的代价。别无选择之下,奥地利政府只能再次求助于罗斯柴尔德家族的钱袋。尽管这一决定遭到大臣们的激烈反对,奥地利政府最终还是采取了妥协态度,接受了罗斯柴尔德家族最初提出的贷款条件,以换取另一笔贷款。

1823年,英国为了逼迫奥地利政府结束对那不勒斯的占领,采用财政手段施压,要求奥地利政府归还它当年在反法战争初期从英国获得的贷款——本金及利息共计2350万英镑。奥地利政府不得不再次请萨洛蒙出面,利用他弟弟内森在伦敦方面的影响力从中周旋,以降低债务数额,最终事情得到圆满解决。卡尔不仅资助了梅特涅派往意大利镇压革命的军队,而且以出色的政治手腕迫使意大利当地政府承担了占领军的费用。卡尔逐渐成为意大利宫廷的财政支柱,影响力遍及意大利半岛。在奥地利干预意大利革命这一进程中,罗斯柴尔德家族得到的最现实的报酬是——另一笔政府贷款业务。

与奥地利的军事干预行动一样,法国政府也面临着同样的处境——通过举债来满足军事行动所需要的资金。1823年,詹姆斯最终打消了复辟王朝的顾虑,获得了一大笔贷款的业务。

1822年,罗斯柴尔德家族被看作是这些同盟国的取之不尽的"金库",奥地利的皇帝在向别人形容内森时,说道:"比我还富有。"

法国"七月革命"余波

对于罗斯柴尔德家族来说,反对革命的动力不在于他们的政治观点,从詹姆斯写给内森的信中,可以很明显地看出他们对复辟王朝的看法:"如果我们依靠一个像维莱勒或坎宁这样的人,或者依靠议会中那些绅士们所说的东西,其中一个后果就是彻夜难眠,为何这样说?因为他们想要得到的东西超过了他们的支付能力。我们必须感谢上帝,能够从这样的情形中解脱出来。我们现在想说的是,'(你想)得到一笔贷款?你可以得到,无论你想要多少……但是如果你想要把几百万英镑全部据为己有，我们的回答是"不"！'"换言之，罗斯柴尔德家族在政治上并不完全站在神圣同盟一边，他们是有条件的支持者。

但是，在反对革命的立场中，罗斯柴尔德家族获得了史无前例的影响力和社会地位。在英国、法国、德国和奥地利，罗斯柴尔德家族拥有大量的地产和财富。虽然他们没有在内阁中担任过任何职位，但还是有许多政府仰仗这个巨大的金融家族，向他们屈膝求教。

1830年，法国"七月革命"爆发，查理十世政权倒台，法国一时处在无政府状态当中。不久，查理十世的侄子路易·菲利普登上王位，任命银行家拉斐特担任首相兼财政大臣，这显然是一个坏消息，因为此人是罗斯柴尔德家族的仇敌。

"七月革命"使持有巨额政府公债的法国罗斯柴尔德银行损失了1.7亿法郎，家族面临空前的财政危机。罗斯柴尔德五兄弟依靠家族先进的通信系统，保持着密切的沟通与协作。在生意最糟糕的时候，阿姆谢尔曾经写信给詹姆斯说："一个人不应该感到困惑，这里就体现了合伙关系的好处。如果我们中的一个人失去了理智，其他人必须保持平静；如果全部失去了理智——那么说'晚安'吧！我希望这封信能够让你冷静下来，并感谢上帝，我们获得财富的速度比任何人都要快。"

"七月革命"爆发之后，分别在伦敦、维也纳、法兰克福与那不勒斯的内森、萨洛蒙、阿姆谢尔、卡尔四兄弟就收到了詹姆斯从巴黎送来的消息。他们立即抛空手中持有的所有公债，当其他人得到消息，竞相抛售时，五兄弟开始不动声色地回补空头；等到路易·菲利普被拥立为王，抢先知道消息的罗斯柴尔德家族早已悄无声息地买入公债，等公众知道和平的消息后，几天前大跌的公债迅速飙升，罗斯柴尔德家族再一次赚了个盆满钵满。由此，罗斯柴尔德兄弟在欧洲证券市场上赚到了3亿多英镑，远远超过先前损失的1.7亿

第二章 给政府放贷的人（1813—1832年）

法郎。

"七月革命"以后，法国国内外敌对势力对新王权虎视眈眈，这对罗斯柴尔德家族手中持有的法国公债是一个潜在的威胁。如果革命一旦蔓延至整个欧洲，那样，即使他们有三头六臂，也难逃被灭顶的命运。所以，五兄弟决定，要不惜一切代价制止战火蔓延。

此时，其他国家，包括奥地利，都已经默许法国新政权上台。沙皇也一直冷眼旁观，看来欧洲各国已经不大可能动用武力阻止路易·菲利普登位了。

不出他们所料，法国的革命开始波及意大利。在教皇国以及意大利中部的一些小王国，反对压迫和要求统一的革命浪潮一浪高过一浪。摩德纳公爵被赶出他的王宫，博洛尼亚宣布不再承认教皇的权威，甚至玛丽·路易斯也被迫逃离了她在帕尔马美丽的居所。在这些被流放驱逐君主们的苦苦哀求下，奥地利首相梅特涅决定派奥地利军队前往镇压革命。与此同时，意大利的革命者转而向法国寻求帮助，但路易·菲利普不愿意得罪那些刚刚承认他王权的欧洲大国君主，只是口头上假惺惺地对革命者表示支持。

罗斯柴尔德五兄弟密切关注着革命的动向，严密监视那些自由派知识分子与政客的一举一动，并随时将手中得到的最新情报呈交政府。詹姆斯继续坐镇巴黎，观察大臣们的风向，并且随时把最新的情报送往分布在世界各地的他的兄弟和侄子手中，当然也少不了呈送给路易·菲利普国王的情报。此举很快博得了国王发自内心的欢迎，拉斐特则日渐失宠，不久其职位由银行家佩里埃取代，这正是詹姆斯所期望的。

关于法国要对奥地利宣战的谣言甚嚣尘上，人们普遍认为，新上台的法国国王路易·菲利普是一个言而无信的人，不会信守诺言，他和他手下的大臣一直玩弄诡诈，暗地里却在做宣战的准备。在战争阴云的笼罩之下，整个股票市场的行情一落千丈。

萨洛蒙绞尽脑汁想要说服梅特涅不要出兵援助，他向这位首相提及，据他收到的可靠信息，奥地利在意大利采取的行动，将会引起法国很强烈的反应。罗斯柴尔德家族的利益和安全稳定的政治环境紧密相连，所以他们自然对可能危及和平的意大利事件万分紧张，而和梅特涅的期望恰恰相反。

1831年2月14日，在摩德纳和博洛尼亚发生起义的消息到达巴黎后，詹姆斯便看准了路易·菲利普跟其他国家的专制君主是一样的，掀不起什么大浪，而且法国的大臣们也都愿意和平地解决这次事件，即便奥地利插手了摩德纳事件，也不会有什么冲突发生。两天之后詹姆斯写信给刚刚返回维也纳的萨洛蒙时，信中语气明显变得轻松了许多。

最终，对罗斯柴尔德家族来说，最大的威胁解除了。梅特涅迫于国内高涨的反战呼声，无法放手去进行军事冒险，况且维也纳爆发的大霍乱也让他焦头烂额、分身乏术，最后，还有萨洛蒙长期对其军事援助行动的警告也起到了很大作用。罗斯柴尔德家族提供贷款的两个国家都退出了这场革命战火当中，欧洲各大交易市场上的公债和保险交易又恢复了平静。路易·菲利普还特许法国罗斯柴尔德银行垄断所有的公债发行，并且亲自向詹姆斯颁发了法国最高级别的勋章——荣誉军团大十字勋章。不仅如此，各种合同和特许权如雪片般飞到了詹姆斯的手中。由法国"七月革命"引发的这场家族危机，罗斯柴尔德兄弟在联手协作中安然度过。

19世纪上半叶，罗斯柴尔德家族已经在欧洲成功地确立财政主导地位，欧洲一些国家争先恐后地将贷款交给罗斯柴尔德家族来打理，这给了罗斯柴尔德家族大发横财的机会，为他们积聚了数不尽的巨额财富。

左右西班牙政局

经历了"七月革命"的涤荡之后,在革命中失势的西班牙国王费迪南德七世再也得不到法国政府的帮助。费迪南德国王去世后,由于他没有男性继承人,于是一场漫长而激烈的皇位之争拉开了序幕,甚至整个欧洲都卷入了这场争斗之中。

围绕着王位继承权,克里斯蒂娜王后和费迪南德七世的弟弟卡洛斯两派势力展开了一场激烈的争夺。为了获取军力和资金作为后盾,他们向罗斯柴尔德家族请求援助,使罗斯柴尔德家族陷入了两难境地,因为他们的商业活动涉及东欧和西欧的各个国家,他们麾下的银行遍布两个阵营——很明显,冒犯哪一方都没有好果子吃。

与以往不同,对于西班牙王室的皇位之争一事,五兄弟的意见分歧很大。作为法国国王路易·菲利普的心腹,詹姆斯深知这位君主的想法,如果不想惹怒国王,最好不要去插手西班牙的事务。远在维也纳、法兰克福和那不勒斯的其余几个兄弟,也不想牵扯进去。然而,英国政府却倾向于积极干预,面对几个兄弟的态度,内森左右为难,于是一场冲突就不可避免地爆发了。

尽管如此,内森仍力排众议,坚持接受西班牙的贷款请求。内森有自己的如意算盘:首先,此举可与英国政府的态度保持一致;其次,此举有利于开拓海外收购矿产资源事业。那时,内森非常看好汞矿的开发,汞是一种稀缺资源,欧洲大陆上仅有两处大汞矿,其中一处就是西班牙的阿尔马登汞矿。他想以经济援助为筹码,取得阿尔马登汞矿的经营权。

不久,西班牙政府决定公开拍卖阿尔马登汞矿的开采权。为了中标,内森使尽了手段。他先让儿子莱昂内尔捎话给西班牙财政部高层,说愿意向其提供1500万的低息贷款，对于深陷窘境的西班牙王室而言，这当然是求之不得的。与此同时，在谈判过程中，罗斯柴尔德家族又对相关的政要人物进行公关，克里斯蒂娜王后收到了罗斯柴尔德家族送来的一笔巨款，据称有50万法郎之多。

最终双方皆大欢喜。罗斯柴尔德家族获得了对汞矿的垄断权，可以将成本仅为55比索/英担[①]的汞以76比索甚至更高的价格在伦敦市场上出售。显然，获利非常丰厚。他们还千方百计地提高产出——西班牙政府也从中受益，一再地要求提高税赋。

然而，由于西班牙政府连绵不断的内战，其财政状况急转直下，不得不再次伸手向罗斯柴尔德家族请求贷款。詹姆斯当然不会答应。其他的三兄弟一开始就不赞成借钱给西班牙，此时更是忧心忡忡，纷纷抱怨内森不该一意孤行，插手去管西班牙这个烂摊子，现在搞得连贷款都可能收不回来。

费尽一番周折之后，罗斯柴尔德家族收回了一大部分贷款的现金，其余的部分政府实在无力支付，只好用信用极低的阿杜安债券来抵债。与西班牙政府的这番不愉快的交易，闹得整个家族鸡犬不宁。虽然老梅耶在遗言中要求兄弟几个永远凝聚在一起，永远同心协力，但是这些年以来，大家都感到有些心灰意冷了。然而内森没有气馁，他继续以超强的意志力坚定地推进他的伟大计划。

为了摆平这桩危机四伏的生意，在内森的领导下，罗斯柴尔德五兄弟迅速展开了对西班牙政府的报复计划——操纵债券市场。他们投入了180万英镑巨资，悄悄吃进西班牙公债。债券价格很快就开始下滑，并且一路下跌，交易所里一片惊慌，然而没有人想到这只不过是罗斯柴尔德家族的报复而已。数以千计的西班牙公债持有者失去了三分之二以上的财产，而罗斯柴尔德兄

---

① 英担：重量单位。今1英担约为50.8千克。

弟们赚的钱却远远超过了当初被勒索去的钱。

这样一来,罗斯柴尔德家族最终还是达到了预期目的——获得了汞矿的开采权,此外,他们通过操纵债券市场,不仅弥补了贿赂西班牙政府的那些钱,还另外赚了一笔。因此,先前满腹怒气,甚至扬言分家的罗斯柴尔德兄弟们终于认识到:内森,作为整个"罗斯柴尔德大厦"所依赖的支柱,就如皇家交易所的柱子一样不可撼动。

于是,任何分裂的想法很快消失。毕竟父亲留下的那些森严的遗嘱不可违背,"无论什么时候,无论遇到什么事,你们兄弟几个必须同舟共济,并肩作战。"